JN418765

소리

클리어마인드
CLEARMIND

파도 소리를 타고 들어가라

글_일선

소리

파도소리를 타고 들어가라

인　　쇄 | 2008년 7월 10일
발　　행 | 2008년 7월 26일

지 은 이 | 일선一善 스님
사　　진 | 일선一善 스님, 하성미
펴 낸 이 | 오 세 룡
펴 낸 곳 | 클리어마인드_(주)지오비스
등록번호 | 제 300-2005-54호
주　　소 | 서울시 종로구 수송동 58 두산위브파빌리온 736호
전　　화 | 02)2198-5151, 팩스 | 02)2198-5153
디 자 인 | 현대북스 051)244 -1251

ISBN 978-89-93293-02-9 03810

정가 12,000원

저기 파도소리가 들리십니까?
길은 바로 여기에 있습니다.
파도소리를 타고 곧장 들어가십시오.

추천사

마음이 깊으면서 따뜻한 道友도우, 일선 스님!

누구보다도 바빴던 일상을 여의고

오로지 精進정진을 하기 위해서

去來거래를 끊고 살아온 지 십여 년 만에

아름다운 남녘 섬 居金島거금도에서

세상에 모습을 드러내 소식을 전해오니

스님의 眞面目진면목을 대하는 것 같아

반갑고 기쁜 마음으로 이 글을 씁니다.

스님이 세상에 『소리』를 내 보임은

쪽빛 하늘 같이 푸른 바다를 벗 삼아

텅 빈 가슴으로 욕심 없이 보낸 세월의 흔적을

홀로 간직하기엔 너무나 큰 아쉬움이

절절히 사무치겠다 싶어서겠지요.

世波세파에 시달리며 살아가는 모든 인연 있는 이들과
閑麗海上한려해상에 들려오는 파도소리, 새소리, 彼岸피안의 소리를
함께 나누고 싶은 스님의 소박한 아름다움이
이 책 『소리』에 올곧이 스며 있어,
평소에 小衲소납에게 보여준 모습처럼
많은 이들이 이 글을 읽고
修行수행에 큰 도움이 되었으면 하는 바램입니다.

"한동안 忍苦인고의 세월을 보낸 후에
世上세상 밖으로 나와 허물을 벗고
시원스럽게 울어대는 매미처럼
道伴도반의 모습이 참으로 아름답구려!"

2008년 7월 좋은 날

안국동에서 수불

삶이 난파선처럼 너무 지치고 힘들어서 더 이상 무게를 감당하기가 어려워 막다른 골목에 부딪치면 누구나 새로운 탈출을 꿈꾸지만 막상 시도한다는 것이 여간 조심스럽고 큰 용기가 없으면 불가능한 일이다. 새로운 길에는 또 다른 도전과 함께 항상 위험이 도사리고 있기 때문이다. 참으로 자기를 속이지 않는 진실한 사람이 아니면 삶이 밑바닥을 치고 마지막 남은 들어가고 나가는 호흡을 붙잡고 다시 일어나기가 어렵다. 생사가 호흡지간에 있다는 사실만 깨달으면 주체할 수 없는 삶의 의욕이 솟구치기 시작할 텐데 말이다.

하지만 이러지도 저러지도 못하고 지루하게 느껴지는 답답한 일상을 보내다가 용기를 내어 차라리 스님들처럼 머리나 깎고 도나 닦을까 하는 안일한 생각으로 참선 수련회에 참석하여 삶의 새로운 전환을 이룬 사람들도 많이 있다. 수행이란 참으로 치열한 삶의 현장이며 온몸으로 부딪치지 않으면 견디기 어려운 궁극의 길이기 때문이다. 아무튼 삶이 벽에 부딪쳐서 고뇌하고 몸부림치는 것은 살아있다는 확실한 증거이다. 바닷가 조약돌이 저렇게 둥글어지기까지는 하루에 파도가 칠십팔만 번이나 밀려와서 만들어진 작품이라고 하니 끝까지 포기하지 않고 들이대는 정진이야 말로 참으로 귀한 것이다. 방황은 온몸으로 했을 때 참으로 아름답다. 방황할 때는 안개 낀 다리에 갇힌 것처럼 끝이 보이지 않아 너무 막막하고 불안하여 괴롭고 힘들지만 끝내고 나면 모두가 삶의 스승이었으며 아름다웠노라고 자신 있게 말을 할 수가 있기 때문이다. 하지만 너무 오래 머물러서 아까운 세월을 낭비해서는 안 된다. 새로운 문이 쉽게 열리지 않는 것은 무엇보다도 자기만이 최고라는 집착과 아집 때문이다.

이십여 년을 수련생들과 함께 동행하면서 올바른 수행법에 대해서 많은 고민을 했다. 세상에는 수많은 수행법이 있지만 육조단경에서 이야기하는 정혜등지가 되지 않으면 참다운 수행이 아니다. 이것이 수행의 올바른 기준이며 동진 출가하여 수행 길에서 많은 경험을 하면서 확실하게 얻은 결론이다. 어느 하나의 수행법을 고집할 것이 아니라 근기에 맞는 것을 선택하되 자기가 본래 부처임을 확실하게 믿고 정혜등지로써 등불을 삼아 참으로 자기를 속이지 않고 끝까지 밀어 붙이면 길은 반드시 열린다는 것이다. 간화선의 길은 부처님의 가르침과 역대 조사의 가르침을 하나로 관통하는 길이며 길에 들어서기만 하면 어떤 인위적인 노력 없이 세월만 흐르면 흐물흐물 업장이 녹아지게 되어있다. 우리의 성품은 허공과 같아서 밝고 어둠에 상관없는 천연한 것이기 때문이다. 그러므로 깨달음의 흔적이 붙을 수가 없어서 특별히 달라진 것은 없지만 매사에 활달하고 고요해서 화광동진 하는 보살행이 나오게 되어 자비심으로 충만하게 된다.

이번에 부족한 글들을 모아 출판하는 인연을 통해서 오직 자기를 회광반조 하여 일상을 떠나지 않으면서 누구나 수행을 할 수 있다는 확신을 가졌으면 좋겠다. 그리고 책을 보는 사람들마다 누구누구 할 것 없이 일시에 자기가 무너져서 더 이상 방황을 그쳤으면 하는 바람이다. 아울러서 새로운 출발을 다짐하고 힘차게 떠나는 사람들에게 고장 나지 않는 나침반이 되었으면 하는 마음 간절하다.

부처님께서는 망망한 바다에서 파도를 만나면 안전한 섬에 의지해야 하듯이 가르침인 법을 섬으로 삼고 자기 자신을 섬으로 삼으라고 했다. 처음 섬에 오는 배에 올랐을 때에는 모든 것이 낯설었으며 외로운 마음은 천 길 낭떠러지에 서 있는 것 같았지만 한번 뛰어 내리고 나니 법성의 바다에서 빈 배같이 물결을 따라서 자유롭게 오르내리게 되었다. 하지만 파도소리를 벗 삼아 남은 세월을 더욱 하심하고 밀밀하게 살펴서 다하지 못한 업장을 녹여야겠다.

비가 그치고 나니 파도소리는 더욱 장엄하게 들린다. 마치 어머니의 자장가처럼 편안하고 귀에 익은 소리여서 누구나 고향에 온 것처럼 포근하게 감싸 줄 것이다. 바다는 누구나 꿈꾸는 마음의 고향이다.

영원한 귀향을 꿈꾸는 사람들은 두 귀를 하나로 모아 눈으로 파도소리를 들어보십시오. 인생을 고해라고 하지만 밑 없는 배를 타면 삼매의 바다에서 빈 배같이 물결을 따라서 노닐 수 있습니다.

저기 파도소리가 들리십니까?

길은 바로 여기에 있습니다.

파도소리를 타고 곧장 들어가십시오.

이 책이 나오기까지 선지식이 되어주신 서암 전 종정스님, 은사이신 송광사 회주이시며 원로의원인 법흥 큰스님께 감사드린다. 그리고 항상 격려와 후원을 아끼지 않고 지원을 해주신 안국선원 선원장 수불 스님께 감사드린다.

한편 글을 쓰게 된 인연을 만들어준 법보신문 이재형 기자님에게도 깊은 감사를 드리며 흔쾌히 출판에 응하여 고생을 아끼지 않은 클리어마인드 사장님과 직원 여러분께 감사드린다.

2008년 7월 좋은 날

일선 손모음

차례

화엄의 세상, 거금도

소통의 바다

파도소리를 타고 들어가라

외로움은 외로움이 아니다

화엄의 세상, 거금도

어느덧 흐름을 멈추는 곳은 바다였다.
일체 번뇌망상의 흐름이 멈추는 곳에 일심의 바다가 있었다.

흐름이 끊어진 곳에 일심의 바다가 있었다

초저녁부터 내리던 봄비가 새벽예불 때까지 계속 내리고 있다. ……. 처마 끝 낙숫물 소리가 깊은 선정을 깨운다 …….

온 대지가 촉촉한 봄기운으로 사방은 더 없이 포근하다. 바깥출입을 금하고 겨울 한 철 동안거에 들었던 스님들이 해제를 맞아 만행을 떠나는 들뜬 기분처럼 봄기운이 온몸에 퍼지고 있다.

비가 개이고 나니 뒷산 봉우리는 더욱 의젓해 보이고 안개 걷힌 바다가 해제를 맞은 텅 빈 선방처럼 문을 열어젖혔다. 저 멀리 수평선이 아련히 보이고 어디로 가는 배인지 큰 배가 한 척 지나간다. 바다는 모처럼 선원 앞마당과 하나로 만나고 있다. 여러 개의 섬들이 연꽃처럼 평화롭게 떠있다.

점심 공양을 마치고 물소리를 따라 길을 나서본다. 겨우내 흐름을 멈추고 습기를 다스리던 동편계곡에 제법 물소리가 요란하다. 흐름을 따라 한 걸음 두 걸음 …….

나무들도 선정에서 깨어나듯 바람에 서서히 몸을 뒤척이고 같이 따라 나선다. 어느덧 흐름을 멈추는 곳은 바다였다. 일체 번뇌 망상의 흐름이 멈추는 곳에 일심의 바다가 있었다.

마치 산모처럼 바다는 몸을 푸는 듯 후... 후... 후... 길게 날숨을 토하면서 세상 욕망의 쓰레기들을 정화하는 아픔의 산고를 겪고 있다. 성스러운 바다의 숙연함에 갯바위에 가부좌를 틀고 선정에 든다. 사방은 고요하고 바다의 가쁜 숨소리만 들린다. 어느덧 선정에서 깨어보니 저만큼 바다는 물러나고 벌써 봄이 와 있었다. 갯바위에는 해초들이 서로 몸을 부비며 저마다 푸르름을 자랑하고 있다. 파래, 돌김, 미역, 톳, 바다나물들이 부드럽고 연하다. 미끄러운 갯바위를 조심스럽게 건너면서 해초를 딴다. 푸르고 싱그러운 봄기운이 온몸에 스며든다.

저 멀리 바위섬에는 갈매기들이 잠시 자맥질을 멈추고 한가롭게 휴식을 취하고 있다. 갈매기들도 그간 살아온 바다를 되돌아 살피는 듯 명상에 잠겨 있다. 고달픈 바다의 일생을 바라보고 있다. 벌써 인기척을 느끼는 듯 다시 한 마리 두 마리 물질을 떠난다. 갈매기가 날아간 자리에 앉아 잠시 휴식을 취한다.

조주 스님께서 어느 날 시자를 데리고 산책을 하는데 산토끼 한 마리가 달아나는 것을 보고 시자에게 물었다.

"토끼가 왜 달아나느냐?"

"사람이 무서워서 그렇지요."

"아니다. 그렇게 대답하면 안 된다. 너한테 살생의 업이 남아 있기 때문이다."

갈매기들한테 괜히 미안한 생각이 든다. 그렇다. 갈매기가 날아간 것은 사람이 무서워서가 아니라 나에게 한 생각이 흐르고 있기 때문이다. 사람들은 세상살이에 무겁고 힘든 일은 다 남에게 돌리고 좋은 일만 차지하려고 한다. 모든 것은 내 마음이 만든 것을 모른다. 그것은 내 마음이 바로 부처란 소리다. 마음 없는 사람이 없기에 사람마다 모두가 부처인 것이다. 하지만 믿지를 못한다.

지금부터 이십여 년 전 경기도 도솔암에서 혼자 정진하면서 큰절에서 양식을 얻어다 먹었다. 큰절에는 나이 어린 동자가 있었는데 얼굴은 거칠고 늘 사랑을 받지 못해서 항상 우는 상이었다. 어느 날 큰절에 내려가서

"동자님은 본래 부처님입니다. 방으로 들어가십시다. 삼배를 올리겠습니다."

하면서 절을 했더니 무슨 영문인지도 모르고 같이 따라서 절을 했다. 하지만 얼굴에는 알 수 없는 미소가 번지고 있었다. 지금까지 자기를 때리고 놀리는 사람은 있어도 부처님으로 대접해준 사람은 아무도 없었기 때문이었다. 큰절에 내려올 때마다 동자님한테 삼배를 올렸더니 나도 어느덧 부처가 되었다. 동자님의 얼굴도 나날이 밝아지고 있었다.

그런데 어느 날부터는 더 이상 삼배를 받지 않겠다고 울면서 달아나 버렸다. 알고 보니 주지스님과 신도들 앞에서 자기가 부처라고 자랑을 했단다. 주지스님이 건방지다고 꾸짖고 나무랐는 모양이다. 천진 부처를 망쳐 버린 주지스님이 원망스러웠다.

우리 모두는 본래 부처이다.
서로 부처님처럼 섬기고 살아야 한다.
바다가 깊은 밤에도 홀로 깨어 스스로를 정화하듯이
본래 부처를 회복해야 한다.
어느덧 해는 서서히 바다로 빠지고 있다.
바다는 황금빛 가사로 옷을 갈아입었다.
해초를 담은 바구니에도 노을이 가득하다.
봄 향기가 넘쳐흐르고 있다.

마음 밭을 일구며

봄비가 그치고 하늘은 더없이 맑고 투명한 아침이다. 그간 미루어 두었던 텃밭을 일구러 마당으로 나섰더니 오늘따라 유난히 파도소리가 크고 가깝게 들린다. 천년의 어둠을 깨트리는 저 우레와 같은 파도소리 …….

자성에 꽂히는 순간 흔적도 없이 사라진다. 참으로 성스러운 순간이다. 바람도 가던 길을 멈추고 하나가 되었다.

다시 물은 흐르고 꽃이 핀다.

보조 국사님께서는 『수심결』에서 제자에게 묻는다.

"저기 까치 울음소리가 들리느냐?"

"예 듣습니다."

"소리를 다시 돌이켜 들어보아라. 그래도 들리느냐?"

"듣는 성품에는 아무 흔적도 찾을 수가 없습니다."

"이것이 관세음보살님께서 소리를 통하여 도에 든 인연이다."

라고 말씀하셨다.

세상은 수없는 소리로 꽉 차있다. 섬에서 들을 수 있는 가장 가까운 소리는 파도소리다. 사람들은 파도소리를 들을 때 수없이 상념을 일으킨다. 지나간 여름날의 아름다운 추억을 떠올리며 못내 아쉬워하며 번뇌를 일으키며 괴로워한다. 하지만 수행자는 소리를 들을 때 바로 듣는 성품을 돌이켜 들어 소리에 걸리지 않는다. 이렇게 들음이 자유롭게 되면 보고 맛보고 냄새 맡고 촉감을 느끼고 뜻으로 헤아리는 가운데에서도 자유로운 경계를 증득할 수가 있다. 이것이 이근원통법인 관세음보살님께서 도에 든 인연으로 관음기도의 본질이다.

하지만 불자들은 세상사 모든 고통을 만나 관세음보살 이름만 부르면 모든 것을 해결해 주시겠다고 자비원력을 세우신 깊은 뜻을 모르고 복을 구하는 수단으로 관세음보살 명호를 부르고 지혜를 개발할 줄 모른다. 복과 지혜가 원만해야 바른 깨달음이 되는데도 말이다.

세상에 살면서 모진 고통을 만나더라도 실의에 빠지지 말고 지극정성으로 관세음보살을 부르라. 생각 생각 끊어지지 않고 꿈속으로 이어지면 부를 줄 아는 성품에는 아무런 흔적도 남지 않고 고통은 소리 없이 사라질 것이다. 이것이 모든 경계에 자유로운 관자재보살이다. 그래서 관세음보살은 파도소리와 가까운 해안가를 상주처로 삼아 소리를 통하여 이근원통의 지혜를 설하고 계신다.

섬에 사는 불자들이 고통을 이야기 할 때마다 오로지 관세음보살을 부르라고 이야기 한다. 지극 정성으로 부르다 보면 지극한 자비심을 느끼며 가슴이 열리는 것을 경험할 것이다. 그래서 관세음보살님은 자비의 어머니인 것이다.

관세음보살, 관세음보살 …….

무명을 갈아엎고 지혜의 씨앗을 뿌린다. 어느덧 힘들지 않고 텃밭을 다 일구었다. 잠시 새참을 먹고 주위를 둘러보니 오이풀이 작고 귀여운 노란 꽃을 수줍게 피워냈다. 여기저기 고사리가 올라온다. 취나물도 많이 자랐다. 나뭇가지에는 이름 모를 새들의 합창이 정겹기만 하다. 아! 저쪽 나뭇가지에서는 부리가 빨갛고 파란 옷을 입은 파랑새가 청초한 울음으로 반갑게 인사를 건네고 있다. 이 섬에서 가장 미인인 새다. 어디서 긴 동안거를 보내고 왔는지 반가운 도반을 만나는 것 같다. 항상 혼자 찾아와서 수행자처럼 고고한 파랑새가 잔잔한 설법을 하고 지나간다.

작년에는 고추를 몇 줄 심어 약 한번 치지 않았는데 여름부터 가을 끝자락까지 반찬 걱정이 없었다. 고추 장아찌도 담고 고춧잎도 데치고 무쳐서 먹었더니 더 없이 고소했다. 아쉬웠던 것은 김장 배추는 싹이 나오자마자 벌레들이 먹어서 실패할 수밖에 없었고 무는 몇 번을 씨앗을 다시 뿌려서 겨우 김장을 하였다. 농약을 쓰지 않고 농사짓기가 어렵다는 것을 실감할 수가 있었다. 재미있었던 것은 단호박과 오이, 토마토 농사가 너무 잘되어 신도님들과 나누어 먹었던 기쁨이 아직도 새록새록 하다. 땀 흘려 농사를 지어서 그 기쁨으로 열매를 나누는 것은 더 없는 행복이 아닐 수 없다. 올해는 수박과 참외도 심었다. 둥글고 빨간 수박, 노란 참외를 생각하니 벌써 여름이 기다려진다.

섬에서는 특별한 일이 없다. 인연 따라 수련회를 하면서 텃밭을 가꾸고 바다에 내려가 해초를 따다 반찬거리를 하고 오늘도 이렇게, 내일도 이렇게 성품이 경계에 물들지 않게 살필 뿐이다.

하루 종일 텃밭을 일구며 땀을 실컷 흘리고 나니 온몸에 기운이 돌고 전혀 피곤하지가 않다. 성품의 고요함을 지키지도 않고 그렇다고 경계를 따라 물들지도 않으니 몸은 조금 피곤해도 마음은 밤하늘의 별처럼 영롱하고 뚜렷하다.

저 멀리 바닷가 작은 섬마을에도 벌써 어둠이 내리고 집집마다 꽃등을 내걸었다. 마음의 등불이 밤바다에 물결 따라 흐르고 선창에 들어오고 있다. 밤은 점점 깊어 사방은 더욱 고요한데 밀려왔다 부서지는 파도에 몽돌밭에서 몽돌이 구르는

소리 …….

소리

소리

…….

이 ……. 뭐꼬

연잎은
점점 둥글어가고

어제 오후부터 바람이 몹시 강하게 불어 전신주가 용울음을 내더니 밤새 큰비가 내렸다. 앞마당 너럭바위에 앉아 있으니 비갠 아침 파도소리는 더욱 장엄하고 숙연하다. 바다의 '할' 소리에 한 생각을 내려놓으니 몸도 마음도 가벼워 텃밭을 둘러본다. 고추, 가지, 옥수수 ……. 아직 어린 것들이 별일 없이 밤새 안녕이다.

연 밭에는 청개구리가 반갑게 합창을 하고 연잎은 점점 둥글어져 간다. 산색은 연둣빛에서 점점 초록으로 변해 머지않아 바다와 한 빛깔로 만날 것이다.

오솔길을 따라 도랑을 한 바퀴 둘러보니 찔레꽃은 순백의 향기를 해풍에 실어 멀리멀리 보내고 여기저기 산딸기가 티 없이 빨갛게 익어 동심으로 손을 내민다. 어느덧 입에는 향기가 가득하고 마음은 고향마을 뒷동산에 노닐고 있다. 참 좋은 아침이다.

우리 모두는 연꽃처럼 부처의 종자를 가지고 있다.
부르면 곧 응하고 배고프면 밥먹을 줄 알고
화가 나면 얼굴을 붉힐 줄 아는 다만 이것이다.

송홧가루 날리는 조용한 아침

싱그러운 바닷바람에 송홧가루 날리는 ……
…… 더없이 평화로운 조용한 아침이다.

햇살은 티 없이 순하고 숲은 하루가 다르게 연두색 물감으로 번지고 있다. 고사리 밭에 올라가 보니 그새 살이 통통하게 찐 고사리들이 우후죽순처럼 서로 키 재기를 하고 있다. 멀리 바라다 보이는 바다는 오늘은 물결하나 없이 찬연히 본래면목을 드러내고 있다. 풀 섶을 헤치며 가시가 손에 찔려 피가 나는 줄도 모르고 고사리를 꺾는다.

어느덧 봄 향기에 취했나 보다. 초파일 나물로도 쓰고 그간 은혜를 입은 시주에게도 정성껏 포장해서 마음의 선물을 하고 싶다. 섬에서 귀한 것은 해풍 맞은 제철나물이라 소박한 마음을 내어 본다. 고사리를 다 꺾은 후 오늘은 연 밭을 일구는 일을 마무리하기로 했다.

돌탑 앞에 작은 연못을 마련하고 선원 주위에 연꽃을 심을 생각이다.

처음 선원을 설계할 때 연꽃이 바다에 피어있는 모습으로 했고 앞마당에서 바라보는 섬들이 마치 연꽃처럼 보이기 때문이다.

연꽃의 덕은 여러 가지지만 첫째는 화과동시花果同時인 꽃이다. 원인이 동시에 결과를 이룬다는 뜻으로 길 가는 일이 곧 집안소식이라는 깨달음의 세계를 상징하고 있다. 연꽃은 한마디로 선의 세계를 상징하고 있는 꽃이다. 세상에 처하면서도 세상에 물들지 않고 번뇌를 끊어버리지 않고 깨달음을 성취한다. 흔히 수행을 번뇌를 끊어버리고 따로 특별한 세계가 있는 줄로 착각하여 성스러운 견해를 얻으려고 한다. 다만 진흙 속의 연꽃처럼 물들지 않음을 요할 뿐 지금 이대로 완벽한 부처의 나툼이다. 그래서 『신심명』에서도 다만 좋아하고 싫어하는 간택심만 버리면 훤칠하게 틔어서 밝으리라고 했다.

우리 모두는 연꽃처럼 부처의 종자를 가지고 있다. 부르면 곧 응하고 배고프면 밥 먹을 줄 알고 화가 나면 얼굴을 붉힐 줄 아는 다만 이것이다. 그래서 『신심명』의 또 한 구절에서는 더 없이 한가로운 도인은 망상을 제할 것도 참됨을 구할 것도 없다고 하였다. 마치 바다가 하루 종일 물결치지만 파도가 곧 물이기 때문이다.

부처님 오신 날이 멀지 않았다.

부처님께서 어느 날 영산회상에서 연꽃을 한 송이 들으시니 대중은 말이 없었는데 오직 마하가섭만이 빙그레 웃었다. 불자들의 가슴마다 마음의 연꽃을 피워 온 세상이 빙그레 웃었으면 좋겠다.

뻐꾹 뻐꾹 …….

밤새 내리던 비가 그치고 나니 도량엔 온통 바다안개로 자욱하다. 안개 속을 헤치고 밭으로 나가 고구마 심을 두둑을 일군다. 작년에는 거름이 약해서 밑이 밤톨처럼 작았는데 그 맛은 밤 맛처럼 너무나 구수했다. 처음 농사라서 어찌나 기뻤는지 생각만 해도 입가에 미소가 번진다.

초등학교시절 하교 길이 너무 멀어서 배가 고플 땐 볼일 보는 것처럼 슬그머니 밭으로 들어가 살짝 엎드려 서리를 했던 기억이 떠오른다. 요즘엔 고구마가 건강식품으로 대접을 받지만 옛날에는 밥 대신 먹었던 구황식물이었다.

오늘은 태양이 안개 속으로 숨어버려 일하기엔 더없이 좋은 날이다. 어디서 날아왔는지 뻐꾹새가 운다. 주위를 살펴보니 빨간 소나무 위에서 뒤꽁무니 날개를 마치 풍금 건반처럼 눌렀다 떼었다 반복하면서 소리를 낸다. 메아리가 커서 제법 큰 새인 줄 알았더니 비둘기보다 작은 새다. 작은 몸에서 어쩌면 저렇게 크고 아름다운 소리가 날까 참 신기하다. 이렇게 가까이에서 보기는 생전 처음이다. 뻐꾹새는 알고 보니 얌체가 없는 새다. 자기 자신의 둥지를 틀지 않고 알 낳을 때가 되면 멧새나 개개비, 노랑할미새 둥지를 엿보다가 잠시 자리를 비우면 침입해서 한 개의 알을 빼내고 대신 자기 알을 넣는다. 그리고는 뻐꾹 뻐꾹 귀신처럼 날아가 버린다. 그러면 숙주 새들은 눈치를 채지 못하고 뻐꾸기 알까지 품어서 부화를 시킨다.

뻐꾸기 새끼는 숙주 새 새끼보다 며칠 빠르게 부화를 해서 본능적으로 아직 깨어나지 않은 숙주새 알을 하나씩 둥지 밖으로 떨어뜨려 버린다.

뻐꾹 뻐꾹 소리는 좋다마는 알고 보니 너무나 비정한 새로구나. 뻐꾹 뻐꾹 한 생각 번뇌가 일어나면 놓치지 말고 비정하게 알아차려서 화두를 들어라.

뻐꾹 시계처럼 분명하고 또렷하게 화두를 챙겨야 한다. 뻐꾹 뻐꾹 어느덧 안개가 걷히고 나니 바다가 다시 열리고 하루해가 서쪽으로 가고 있다.

진불이를 보내며

고구마를 심은 지 벌써 일주일이 다 되가는데 비가 오지 않아 어린잎이 누렇게 떠 버렸다. 오늘따라 더없이 허전하고 텅 빈 것 같아 쓸쓸하다. 밭에 나오면 항상 반갑게 맞아 응석을 부리던 진불이가 어디가고 없다.

진불이는 몇 해 전 시내에 있는 사형 절에서 데리고 왔는데 첫 인상이 몹시 우락부락하고 무서워 보였다. 인상대로 절에 오는 신도들을 자꾸 물어서 신심이 떨어진다고 하니 데리고 가라고 해서 처음 인연을 맺었다.

선원에 데리고 오면서부터는 본 이름이 진돌이었는데 진불이로 이름표를 바꾸어 달아주며 너에게도 불성이 있으니 이제 사나운 습성은 그만 버리고 함께 공부를 하자고 하면서 옛날 중국에 조주 선사가 있었는데 지나가는 개를 보고 어떤 스님이 묻기를 "저 개에게도 불성이 있습니까, 없습니까?" 하고 물으니 스님께서는 없다고 하였다. 그런데 그 스님이 다시 묻기를 "부처님께서는 일체 중생이 불성이 있다고 했는데 어째서 스님은 없다고 하십니까." 하고 되물었지만 그래도 없다고 대답을 하였는데 함께 참구해 보자고 마음속으로 화두를 일러 주었다.

모든 환경이 바뀌었지만 진불이는 잘 적응을 해 주었고 똥오줌 가리는 것이 보통 진돗개와는 달랐다. 큰 일을 보고 나서는 입과 발로 냄새가 나지 않게 잘 처리를 해주었고 작은 일을 볼 때는 사람처럼 두 발을 구부리고 몸을 낮추는 것이 꼭 전생에 깊은 인연이 있는 것 같았다.

진불이는 날이 갈수록 사나운 성질이 순하게 바뀌고 사람이 올 때도 의젓하게 몇 번 짖을 뿐이었고 밤에는 든든한 화엄신장 노릇을 해 주었다. 그런데 모처럼 도반스님 절 행사 때문에 며칠 선원을 비운 사이 진드기가 온몸에 벌떼같이 달라붙어 죽음 직전에 놓여 있었다. 진드기를 겨우 털어내고 된장국에 밥을 말아 주었지만 먹지 않고 거절하였다. 인연이 다함을 직감하고 하루 저녁 좌선을 하면서 진불이에게서 마음을 놓지 않고 다음 생에는 좋은 몸을 받아 같이 공부하자고 관을 해주었다.

아침 일찍 황토 천에 몸을 싸고 큰 소나무 밑에 자리를 마련하여 사람의 예를 갖춰서 염불을 해주며 장례를 치러 작은 돌탑을 쌓아 진불이의 흔적을 남겨 두었다.

모처럼 시내에 나가보니 세상은 어렵고 안타까운 사연을 전해주어 마음이 아프다. 모진 가난과 보릿고개에서도 자식들을 다 교육하며 살아왔는데 늘그막에 편히 가지 못하고 생활고와 병고 때문에 자살하는 노인들이 점점 늘어나고 있다고 한다. 젊은 사람들도 취직을 하지 못하고 방황하고 있고 생활고로 이혼율은 더 늘어나서 죄 없는 어린 아이들이 길거리에 버려지고 있다고 한다.

세상은 예나 지금이나 한 번도 어렵지 않은 때가 없었다. 스스로를 포기해서는 안 된다.

불씨가 아무리 작아도 바람을 만나면 온산을 태워버리듯이 지금 주위에 어렵고 힘든 사람을 무시하거나 외면해서는 안 된다. 서로 격려하고 따뜻하게 손을 잡아줘야 한다. 진불이처럼 진짜 불씨를 사람마다 가지고 있으니 마음먹기에 따라 위기가 기회가 될 수 있다. 항상 꺼진 불도 다시 봐야 하듯이 사람마다 가지고 있는 꺼지지 않는 불씨는 시절인연을 만나면 곧 부처를 이루기 때문이다.

익은 것은 설게 하고 낯선 것은 익숙하게

새벽부터 내리는 봄비에 처마 끝 낙숫물 소리가 정겹다.
티 없는 불성의 모음으로 온몸에 봄기운이 깨어난다.

멀리 길 떠나는 도반을 배웅하러 아침 일찍 배 터에 나왔더니 더 없이 잔잔한 바다에서 물안개가 피어오르고 실려 오는 상큼한 갯내음에 봄 향기가 묻어온다. 겨우내 마냥 사납기만 했던 뱃길도 이젠 한 생각 푹 쉬어버린 수행자의 마음인양 한결 순해졌다.

오늘도 배 터에는 낯선 만남과 정들어 익숙했던 것들과의 이별이 반복되어 연출되고 있다. 새 학기를 맞이하여 가족들의 정들었던 품을 떠나 낯선 도시로 떠나는 학생들이 아쉬운 듯 손을 흔들면서 석별의 정을 나누고 다시 배는 긴 뱃고동 소리를 울리면서 미끄러지듯이 파도를 타기 시작한다.

정들었던 사람들, 낯익었던 것들과 헤어지는 것은 슬픈 일이다. 하지만 이별 없는 만남이 없으니 무심한 배는 오늘도 오고 갈 뿐 말이 없다.

안개가 걷히고 난 앞마당에는 홍매화가 꽃이 만발하여 지난해 보다도 배나 되는 듯 가지가지 보석같이 꽃이 촘촘히 박혀서 향기를 뿜어내고 있다. 어쩌면 지난겨울은 눈도 많았고 너무나 추웠기에 그 향기도 갑절이나 되는 것 같다.

마당 구석구석에는 쑥과 냉이, 머위, 씀바귀가 다투어 돋아나고 오늘 점심은 봄나물로 식탁을 장식해야겠다. 도반들이 떠난 선원은 조금은 허전하지만 근본 마음은 몇 번 점검을 해봐도 증감이 없는 한결같은 마음이다.

처음 섬에 들어왔을 때에는 모든 것이 낯설고 모임에 나오지 않는다고 스님들로부터 원성도 사곤 했지만 숨어서 정진하기에는 더없이 좋았다.

머리를 깎고 세상의 익숙한 것들과 이별한 것은 생사가 없는 반야지혜를 통달하여 뭇 중생들을 제도하기 위함인데 세상의 인정과 의리를 끊지 못하고 연연한다면 단 한번뿐인 아까운 기회를 놓치고 만 겁에 후회해 본들 무슨 소용이 있겠는가?

백천만겁에 만나기 어려운 불법을 만났으니 금생에 대장부 할 일을 마치지 못하면 다시 어느 생을 기약할 수 있으리오.

지난 동안거 때부터 뒷마당에 자리를 틀었던 절름발이 들고양이가 아직 절밥에 맛을 들이지 못하고 비린 맛을 따라서 마을에 다녀오는가 보다. 처음에는 눈도 마주치지 못할 정도로 서먹서먹했는데 지금은 많이 친해졌지만 아직도 절밥은 싱거운 모양이다. 고양이도 익은 습은 버리기가 어려운 듯 바짝 마른 모습이 애처롭기는 하지만 점차로 비린 것들과 만나지 말았으면 좋겠다.

간화선의 종장이었던 대혜 종고 선사는 『서장』 진대제에 대한 답서에서 익은 것은 설게 하고 낯선 것은 익숙하게 하라고 하였다.

범부는 무시이래로 익힌 탐진치貪瞋痴 삼독으로 인하여 반야를 등지고 끝없이 생사에 윤회하는 것이 마치 우물 속의 두레박처럼 오르고 내리는 것을 그치지 못하고 있으니 그 고통이 한량없다. 다행히 부처님 법을 만났고 마음 닦는 법을 만났으나 익은 업력이 너무나 깊어서 수행하기가 쉽지가 않으니 참으로 안타까운 일이다.

수행이란 태평양으로 나가서 몸집을 불린 연어들이 고향을 찾아서 다시 본래자리로 역류하는 것과 같은 것인데 어찌 쉬운 일이겠는가. 험한 물길을 거슬러서 다시 돌아간다는 것이 목숨을 한번 내던지는 각오 없이 가능하겠는가. 그렇다고 수행을 하지 않으면 반야를 등지고 점점 멀어질 뿐이다. 한번 죽을 각오로 사무쳐 볼 일이다.

하루에도 수십만 번 파도에 부딪친 조약돌이 둥글어지듯이 끝까지 포기하지 말고 다시 들이대야 한다. 그러면 마치 봄바람에 얼었던 강물이 풀려서 흐르고 꽃이 피는 것처럼 시절인연이 올 것이다.

황금으로 된 고기라야만 능히 탐진치貪瞋痴 삼독의 그물을 끊고
한 입에 태평양을 다 삼켜버리는 대장부가 아니면
일대사를 끝까지 밝히기가 참으로 어렵다네.
동백꽃 그늘 아래서 한가로이 고독을 즐기는 이여.
시절인연이 곧 도래하거든 잘 살펴서
한바탕 돛을 올려 바람 가는 대로
좋은 벗들의 안전한 섬이 되어 주소서.

돌아갈 줄 모르고

도량엔 지금 꽃과 향기가 흐르고 있다.

해풍에 실려 선실로 들어와 법 향으로 코끝을 찌르던 매화는 벌써 지고 있는데 관음상 앞에는 수선화가 갓 깨어난 노랑 병아리처럼 귀엽고 수줍은 첫 걸음을 떼고 있다.

앞마당에는 영춘화 백목련이 하얀 천진을 토하며 한 소식을 전하고 생강나무는 머리에 노란 리본을 꽂은 듯 숲에서 나무 꽃으로는 제일의 전령사다. 앞산에는 진달래가 꽃 사태를 이루어 저녁노을과 만나 거룩한 만다라를 수놓고 있다.

꽃과 향기에 취해 돌아갈 줄 모르고 산길에 우두커니 서 있는데 저녁 종성이 울린다.

바다의 향기

밤새 소리 없이 순하게 내리던 비가 그쳤다. 바다는 흔적이 없는 듯 여여한 모습을 드러내고 있어 앞마당에 나와 썰물의 때를 살피다가 그간 벼르던 바다로 내려간다.

겨우내 일체 흐름을 끊고 깊은 선정에 들었던 골짜기는 다시 깨어나 흐르고 함께 동행을 하고 있다. 오랜만에 만나는 갯바위는 부딪치는 파도에 더욱 둥글고 성숙한 모습으로 다가와 지난 동안거 이야기를 들려주는 듯 정겹기만 하다.

무심도 하나의 관문이어서 적멸을 비추고 있다면 아직 주객이 남아있어 법성의 바다에 들지 못하나니 적멸이 비쳐야 마침내 바다가 된다고 설하고 있다. 여기저기 톳과 돌미역이 지천으로 널려있고 갯바위에 붙어있는 연둣빛 파래와 먹빛 돌김이 달마 대사의 수염처럼 자라서 손길이 가면 부드러운 촉감에 얼굴에는 파안대소가 번지고 있다. 갯바위는 끝없이 밀려오는 파도를 돌이켜 지혜의 묘음으로 바꾸는 쉼 없는 정진으로 더욱 둥글어지고 원만해 졌다. 한참 동안 널을 뛰고 숨바꼭질하듯 이리저리 살피고 건너면서 해초를 뜯고 나니 답답했던 가슴이 훤하게 열리고 어느덧 바다와 하나가 되었다.

때는 어느덧 밀물의 시간이라 등을 돌려 서둘러 몸을 빼고 나오는데 갯바위는 하나, 둘 다시 입정에 들고 하루해는 바다로 침몰하려는 듯 미적미적 황금빛 가사를 벗는다. 어깨에는 해초를 자루 가득 메고 돌아오는데 동구 밖 물가에 수양버들은 세찬 바닷바람에 백 번이나 꺾였어도 해마다 가지는 다시 자라나 휘늘어진 자태가 그윽하기만 하다.

조주 스님께 어느 봄날 납자가 찾아와서 불법이 무엇이냐고 물으니 "버들가지, 버들가지"라고 대답을 했다. 봄이 어느덧 시끄러운 선거철 속에서도 점점 깊어가고 있다. 봄바람에 하늘거리는 버들가지처럼 일체 시비와 승패에 걸리지 않는 마음을 바로 가리키는 것이니 가슴깊이 새겨야 할 것이다. 후보들은 저마다 주장이 다르지만 모두가 국민들을 행복하게 해주겠노라고 한결같은 말을 하고 있다. 그러나 빈 약속인지 아닌지는 자신이 더 잘 알 것이다. 선거가 끝나더라도 서로 비방하거나 싸우지 말고 다시 본래 자리로 돌아와 화합하는 아름다운 모습을 보여주었으면 좋겠다.

저녁 공양에는 해초가 바루때 가득 넘치고 바다의 향기에 코끝이 싱그럽다. 그간 겨우내 마무리 하지 못했던 도량 정비를 끝내고 텃밭을 정리하여 채전을 가꾸느라고 바빴다. 해초를 마음껏 먹고 나니 이제사 온몸에 봄이 꽉 찬 것만 같다. 봄바람은 산을 넘고 물을 건너 가는 곳 마다 차별 없이 꽃을 피우고 새싹들을 불러내고 있다. 여기에 응하고 응하지 않음은 각자의 몫일 것이다.

산에는 산 벚꽃이 솜사탕처럼 점점 부풀어 오르고 있다.

시詩의 말들이 산처럼 쌓여 솟아오른 섬인가.
이름이 참 예쁜 섬이다.
선원의 좌향이 이 섬의 뾰쪽한 문필봉과 마주하고 있어서 처음 인연이 되었다.

시산도詩山島

시詩의 말들이 산처럼 쌓여 솟아오른 섬인가.

이름이 참 예쁜 섬이다. 선원의 좌향이 이 섬의 뾰쪽한 문필봉과 마주하고 있어서 처음 인연이 되었다.

오늘처럼 비갠 후 청산같이 바다가 훤칠하게 맑아 끝이 없는 날에는 수평선 저 너머의 세계가 그립고 걸어서 그 섬에 가보고 싶은 충동이 문득 일어난다.

낮에는 멀어서 갈 수가 없지만 어둠이 내리는 밤에는 집집마다 걸리는 등불이 앞마당과 만나고 있어 더없는 이웃처럼 가까워진다.

시詩자를 파자해 보면 절에서 쓰는 말을 시詩라고 하는데 사실 절에서 쓰는 말 속에는 본래 말이 없고 지금 말하고 있는 사람만 있다.

부처라는 말이 있고 조사라는 말도 있고 마음이니 불성이니 해탈이라고 해도 다만 소리와 명칭과 글귀가 있을 뿐이다. 일체 이름은 마음의 다른 이름이기 때문이다.

임제 스님께서는 부처와 중생이라는 옷을 입고 번뇌와 보리라는 옷을 입는다고 해도 옷 입는 사람은 조금도 변함이 없는데 어리석은 학인들은 말끝을 쫓아서 일체 이름의 옷에만 관심이 있어서 옷 입는 사람을 외면해버리고 끝없는 생사의 고통을 면하지 못한다고 하였다.

돌이켜 보면 초등학교 육학년 때로 기억이 된다. 모든 말들을 의심하다 보니 끝내는 말을 할 수가 없었고 마지막 호흡이라는 말을 의심했을 때는 숨도 제대로 쉴 수가 없었다. 당황해서 선생님께 물어보았지만 지금 말하고 있는 사람이 무엇인지 가르쳐 주지 않았다.

절에 들어와서 보니 수많은 경전이 있었고 더 많은 말을 배워야 한다는 생각에 머리가 아파서 사미계를 받자마자 강원에 가라는 은사스님 말씀을 듣지 않고 선방으로 도망쳐 버렸다. 선에서는 팔만대장경이 결국에는 마음 심心 자 한 자인데 마음만 깨달으면 누구나 부처가 된다고 했다.

조사의 말씀을 선에서는 화두라고 하는데 화두는 말머리로서 일체 말이 나온 자리이며 지금 눈앞에서 분명하게 말을 하고 있는 사람이다. 그러므로 화두를 통하여 바로 깨달음을 체험할 수가 있다.

존재의 세계는 언어의 세계이며 존재의 고통은 말에서 벗어나지 못하는 고통이다. 그래서 선에서는 말 이전의 세계인 화두를 제시함으로써 일체의 고통과 속박에서 벗어나 해탈을 이루게 한다.

화두라는 말 속에는 말이 없는데 여기에 알음알이를 내고 무슨 뜻을 찾게 되면 사구가 되어 머리만 어지럽고 수행과는 멀어져 버린다. 그렇지만 일체의 사량과 분별을 떠난 살아있는 활구는 마음의 길마저 끊어버려 생사의 고통과 일체 업력을 녹여버리고 궁극에는 본래 청정한 마음을 드러내서 해탈을 이루게 한다.

세상에 아무리 좋은 일이 있어도 화두 하는 맛을 따라갈 수 없기 때문에 그 무겁고 칙칙한 욕망이 끊어지고 대 자유를 얻는 것이다. 한 생각이 일어나면 바로 알아차려 돌이켜 화두를 들면 그 자리에서 바로 부처가 출현을 한다. 그래서 화두 법을 깨달음의 지름길이라고 한다. 설사 화두를 하는 사람이 깨닫지는 못하더라도 다음 생은 분명하게 보장이 된다고 했다.

화두가 잘되지 않는 사람은 마음이 곧 부처이며 사람이 바로 부처라는 확고한 믿음이 부족하기 때문이다. 그래서 『화엄경』에서는 믿음은 도의 근원이며 일체 공덕의 어머니가 된다고 하였다.

바람은 향긋한 갯내음을 선방으로 실어 나르고
어둠이 내리면 집집마다 걸리는 마음의 등불
가까이 다가가서 두드리면 누구네 집엔들
부처 없으리.

바람은

섬에는 바람이 많다.

며칠 동안 계속 되었던 강풍에 파도처럼 일렁거리던 숲은 이제 거친 바람을 고르고 다시 고요해졌다. 숲은 일 년 중 이맘때가 제일 예쁜 것 같다. 아직 여린 떡잎이 단잠에서 방금 깨어난 아가들처럼 해맑은 미소를 짓고 있다.

바람은 지수화풍地水火風 사대 가운데 우주 생성의 첫 번째 요소로써 태아가 모태에서 성장하는 생명의 원동력이다. 바람의 기운인 호흡은 몸과 마음을 하나로 연결하는 통로이며 우주와 통하는 생명의 문이다. 그래서 부처님께서는 사람의 생사가 호흡지간에 있다고 하였으며 호흡을 고르게 함으로써 해탈에 이른다고 하였다.

보통 사람들은 평생을 살아도 호흡을 제대로 느껴보지 못하고 죽는다. 초등학교 때 처음 호흡이라는 말을 의심했더니 숨이 막힐 뻔했던 기억은 하나의 충격이었다. 그런 여파인지 모르지만 호흡에 관심이 많았고 단전호흡에 관한 책을 사서 혼자서 연습을 하다가 상기가 되어 죽을 고생을 하게 되었는데 문득 생사문제에 목덜미가 잡혀서 출가를 하게 되었다.

처음에는 불교라는 종교가 호흡을 통하여 신통을 얻고 불로장생하는 가르침인 줄 알았으나 선방에 가서 보니 호흡 이야기를 하면 외도로 취급을 하여 말도 꺼낼 수가 없었다.

차츰 알고 보니 그럴만한 이유가 있었다. 단전호흡의 대가였으며 여러 무술에도 능하여 이름이 있었던 스님과 함께 정진을 해보니 얼굴은 항상 홍안으로 몸을 자재로이 하였으나 반야의 지혜가 없었다.

앉아있는 모습은 마치 부처님처럼 당당해 보여도 마음을 쉴 줄을 모르고 호흡을 통하여 기운을 돌리는 것으로 공부를 삼고 있었다. 같은 경험을 해보니 단전호흡에서 힘을 얻어 몸에서 오는 재미를 떨쳐 버리고 화두를 들기가 참으로 어렵다는 것을 실감할 수가 있었다. 하지만 아직 공부가 익어지지 않은 초학자들은 억지로 화두를 챙기고 앉아서 몸과 싸우느라고 건강을 해치게 되니 이것 또한 문제였다.

화두가 들리면 수승화강이 되어서 오히려 건강이 좋아지고 올라왔던 상기도 스스로 내리는 법인데 그렇지 못한 초심자들은 하루 종일 번뇌와 싸우고 몸과 싸우니 몸이 상할 수밖에 없었다.

호흡에 집착하여 몸에 치우치지 않고 호흡을 이용하여 화두를 순일하게 챙기는 묘를 얻는다면 공부가 쉬워질 것이다.

부처님께서도 출가하여 처음에는 여러 수행자들을 만났으나 모두가 한쪽에 치우친 극단의 길을 가고 있었다.

선정주의자인 알라라깔라마를 만나서 무소유처정을 얻었고 웃타카라마풋타를 만나서 지극한 선정인 비상비비상처정을 얻었으나 깨고 나면 선정이 무너져버려서 불완전하다는 것을 알았고, 극에 달한 고행을 하였으나 끝내 깨달음을 얻지 못하여 고행을 포기하고 산을 내려와 내란자라 강에서 목욕을 하고 수자타 소녀가 준 유미죽을 먹고 나서 다시 기운을 회복했다. 그리고 보드가야에 있는 보리수 아래, 단정히 앉아 호흡이 들어가고 나가는 것을 관찰함으로써 마침내 위대한 깨달음을 성취하였으니 이것이 바로 부처님의 수행법인 위빠사나이다.

섬에 남은 사람은

새벽안개는 산과 바다를 반야의 세계로 이어놓고 …….
안개 속을 포행하는 것이 마치 구름을 타고 가는 듯이 사뿐하다.

파도소리는 느리고 장중한 저음으로 어느덧 소리의 바다가 관세음보살의 자비심으로 충만한 아침이다.

꿈속처럼 아직 깨어나지 않는 안개를 헤치고 마을에서 처사님이 올라왔다. 평소에 인연은 있었지만 절에는 다니지 않았는데 사연을 들어보니 귀하게 손자를 하나 얻었는데 명줄이 짧아 절에 갖다 팔아야 한다고 하여 급한 마음에 새벽같이 달려왔다고 한다.

사람의 목숨이 길고 짧은 것은 전생에 지은 과보라고 하지만 그것 또한 공하여 변하는 것이니 끝없이 죄업을 참회하고 선업을 쌓아 산목숨을 무참하게 죽이지 말고 될 수 있는 대로 방생을 하면 손자의 명줄이 이어질 것이라고 했더니 알아듣지 못한다.

아마도 바로 처방이 되는 약이 있는 줄 알았는 모양이다.

관세음보살님은 마치 할아버지가 귀하게 얻은 손자를 사랑하는 것처럼 중생이 고통을 당하여 괴로워할 때 지극한 신심을 내어 간절히 부른다면 곧 달려가서 해결해 주겠다고 원력을 세운 보살님이니, 걱정하지 말고 부르는 마음이 간절하여 꿈속으로 이어지도록 일념으로 부르라고 하였다. 그리고 다시 한 번 관음상 앞에서 축원을 올려주며 다음에 칠석에 올 때는 쌀 한 되 가져오라고 했더니 웃으면서 안심하고 마을로 내려간다.

섬에 남아있는 늙으신 부모님들은 자나 깨나 객지에 나가있는 자식들 걱정이다.

세상은 갈수록 복잡하여 서로 이해관계에 따라 이합집산하고 언제 해고될지 모르는 대량실업의 시대에 살고 있으니 객지에 나가있는 자식들 또한 불안하기는 마찬가지일 것이다. 이러한 불확실성의 시대를 살아가는 현대인들에게 무엇보다 필요한 것은 깊은 휴식과 함께 마음의 안정이다.

법화경 관세음보살 보문품에서는 어떠한 고통과 병고액난을 당하더라도 실의에 빠지지 말고 간절히 관세음보살을 믿고 부르면 곧 감응하여주겠다고 원력을 세우고 기다리고 계신다고 설하고 있다. 그렇지만 의심을 내어 믿지 않고 부르지 않으면 불보살님도 어쩔 수가 없는 것이다.

참으로 깊은 믿음이 성취되면 한없는 그리움으로 꽉 찬 어린 아이가 어머니를 부르듯이 끝없는 참회의 눈물과 함께 보고 싶은 마음에 꿈속에서도 간절하게 이어질 것이며 마침내는 업력이 녹아지고 바라는 소원이 성취될 것이다.

이것이 타력문으로써 관음신앙의 원리이며 중생의 끝없는 참회와 관세음보살님의 깊은 자비 원력이 마치 하늘에 뜬 달이 그릇에 따라 응하듯 현신하여 감응하신 것이다.

이렇듯 관세음보살님의 깊은 감응을 얻게 되면 세상은 온통 기쁨으로 가득 찰 것이며 나도 관세음보살의 손과 발이 되어 남을 즐겁게 하고 봉사하겠다는 원력을 발하게 될 것이다.

너도 관세음
나도 관세음
본래 관세음
천 개의 손
천 개의 눈
이렇게
마음대로
쓰고 있네.

참샘 물 마시면

탐욕의 불꽃 성냄의 불꽃
어리석음의 불꽃 사라지고

황금빛 물고기
그물을 벗어났네.

황금빛 보리밭 물결을 이루고

유월 훈풍에 바닷가 다랭이 보리밭은 황금빛 물결로 일렁거리고 있다. 파도는 어느새 졸음에 빠진 나른한 오후, 새들도 더위를 피해 발자취 끊어진 한가로운 시간이다.

시끄러웠던 지방 선거도 끝이 났지만 너무 일찍 찾아온 더위에 전국은 다시 후끈거리고 있다. 이런 때는 세상사 한바탕 잊어버리고 저 히말라야 설산으로 여행이나 떠나보자. 올 여름 불볕더위를 피할 수 있는 지혜를 찾을 수 있을 것이다.

두 철 가까이 남인도를 만행하면서 더위에 지친 몸을 이끌고 북인도 다람살라에서 공부하고 있었던 송광사 청전 스님을 찾아갔더니 따뜻하게 맞이해 주었으며 그간 지친 몸의 기력을 회복시켜 주었다.

이곳에 오기 전 뉴델리에서 한국 지인의 전시회에 오신 달라이라마를 가까이 친견했더니 얼굴에서 나오는 광채와 함께 온 몸에서 우러나오는 자비스런 기운이 주위를 환하게 해주었다. 청전 스님의 안내로 달라이라마의 스승인 링 린포체의 등신불에 참배했을 때는 마치 살아있는 존상을 대하는 듯 생기가 있었다.

밤새워 티벳 불교의 수행법과 그간의 순례 길에서 경험했던 수행법들을 이야기 하면서 히말라야 안나푸르나 라운드 트레킹으로 이번 만행을 회향할 것을 권해 주었다. 그러면 수행에 큰 전기가 있을 것이며 한국 비구로서 최초가 될 것이라고 하였다. 지금은 많은 사람들이 트레킹을 떠나지만 이십여 년 전에는 흔하지가 않았기 때문이다.

부처님의 탄생지인 룸비니에 도착하여 무사히 만행을 마치게 해 달라고 마야부인 당에 들려서 불보살님께 기도를 올리고 포카라행 버스에 올랐다. 시절은 바야흐로 오월 녹음방초는 우거지고 굽이굽이 산골 다랭이 밭에 청보리가 피어 마치 고향에 온 듯 포근하였다.

포카라에 도착하여 티벳 여관에 짐을 풀고 다시 한 번 트레킹에 관한 정보를 물었더니 지금 갖추고 있는 복장으로는 안나푸르나 라운드 트레킹을 하기에는 위험하며, 셀파나 동료들과 함께하지 않으면 죽는 사람도 많다고 하면서 겁을 주고 만류하는 바람에, 하는 수 없이 일주일 트레킹 비자만 받고 편한 코스만 다녀오겠다는 생각으로 풍요의 여신 안나푸르나를 그리면서 무작정 히말라야의 품속으로 뛰어들었다.

오로지 현전일념 화두와 함께 호흡을 살피면서 한발 한발 앞으로만 나아간다. 수행자가 경치에 팔려서 화두를 놓친다면 여행하는 속인과 다르지 않아서 만행은 아닐 것이며 조사스님들도 화두를 놓친다면 죽은 시체와 다르지 않다고 경책을 하였기 때문이다.

히말라야의 웅장한 기세에 눌리고 경치에 팔려서 화두를 놓치고 고독과 두려움에 짓눌려 비틀거릴 때는 얼른 알아차리고, 호흡과 함께 화두를 챙기면서 오르다 보니 어느덧 저 멀리 안나푸르나의 얼굴이 보이기 시작했지만 일주일 비자가 끝나는 시간이었다.

흙집으로 된 값싼 로지에 머무르면서 산행을 정리하고 다시 하산을 하려고 하니 왠지 허전한 마음에 내려올 수가 없었다.

저 멀리 보이는 안나푸르나가 가까이 다가오라고 자꾸 손짓하는 것을 뿌리칠 수가 없었다. 다시 한 번 죽을 각오로 올라운드 트레킹을 성취하기를 다짐하면서 비자를 보름으로 살짝 고쳐서 최대의 모험을 하기로 했더니, 마음은 더욱 불안하고 산악 경찰에게 걸릴까봐 두렵기도 하였지만 다시 한 번 물러나지 않기로 다짐을 하였다.

고도가 점점 높아질수록 호흡은 거칠어졌으며 다른 사람들은 셀파나 일행들과 체력을 보충해 가면서 트레킹을 하는데 장비도 갖추지 못하고 혼자서 가는 산행은 고독과 두려움을 이겨내고 체력과 싸워야 하는 힘든 고행이었다. 어둠이 내리는 밤에는 죽음에 대한 두려움과 공포가 밀려와 화두를 놓치는 시간이 많아졌으며 산행을 포기하라는 유혹이 자꾸만 발목을 잡았다.

혼란스러운 생각을 정리하고 몸을 추스르기 위하여 산기슭에 있는 티벳 사원에 들러서 기도를 올리며 다짐을 하고 '옴마니반메훔' 으로 하루를 열고 닫으며, 생활은 오로지 수행의 방편으로 삼아 살아가는 티벳트인들의 순수한 신앙의 모습에서 다시 용기를 내어 정신을 차리게 되었다.

고도가 높아질수록 점점 호흡이 힘겨워 가슴은 답답하고 머리는 멍해져 화두를 놓치니 몸은 마치 술 취한 운전사가 자동차를 끌고 가는 것처럼 휘청거리기 시작했다. 몸을 끌고가는 주인이 흐리멍텅하니 화두 대신 새로운 수행의 방편이 필요했다. 티벳트인들이 하는 '옴마니반메훔' 은 입에 익숙하지 않아서 대신 '관세음보살' 로 대치하기로 하였다.

염불하는 마음이나 참선하는 마음이나 오로지 생사의 고통을 벗어나기 위한 한 마음이며 지금 당장 이 고통을 무사히 해결하기 위해서는 지혜가 필요했다. 그렇다고 해서 타력적인 의미의 '관세음보살' 이 아니고 '관세음보살' 이라는 불보살의 명호는 마음의 다른 이름이기에 '관세음보살' 을 부를 때마다 다만 마음을 확인하는 것이었다. 또한 화두의 힘이 아직 약하기 때문에 극한 상황에서 취하는 수행의 방편이었다.

지금 이 순간 몸과 마음에서 일어나는 고통을 분명하게 알아차리고 피하려고 하지 말고 '관세음보살' 또 알아차리고 '관세음보살 …….' 하지만 처음부터 관음주력으로 습관이 된 사람들은 망상이나 경계가 생기면 '관세음보살' 하면서 망상을 끊어버릴 것이지만 이렇게 되면 처음에는 집중력이 생겨서 편안할지 모르지만 지혜는 생기지 않고 점점 깊어지면 청정한 성품의 작용마저 끊어버리게 되어 세상사가 허무하게 되고 삶이 무기력해져서 죽고 싶은 마음마저 일어나게 된다. 여기에서 벗어나려면 이제부터는 망상이나 경계가 일어나더라도 '관세음보살' 하고 끊어버리지 말고 있는 그대로 알아차리고 '관세음보살' 하면서 염불하는 '이것이 무엇인가.' 하고 회광반조를 해야 한다.

워낙 끊어버린 습이 깊은 사람들은 습관적으로 망상이 일어나면 바로 끊어버리는데 참으로 살아나겠다는 간절한 마음이 아니면 벗어나기가 어렵고 이것도 저것도 안 되니 차라리 신통이라도 생겼으면 하는 망상이 일어나서 그 힘으로 죄업을 짓게 되는 것이다.

천수경의 신묘장구대다라니를 주력하는 것도 같은 이치이다. 관세음보살이나 다라니를 할 때 '염불하는 이것이 무엇인가' 하면서 회광반조를 해야만 정혜쌍수가 되서 근본적으로 업장이 무너지고 본래 청정한 성품이 드러난다. 염불하면서 한 생각 망상이나 경계가 일어나면 바로 알아차리고 '관세음보살' 아니면 경계에 휘말리거나 극한 상황에서 정신을 잃고 헤매게 될 때 '관세음보살' 하고 부르면 바로 성품이 드러나게 되니 안정이 오고 모든 것이 정리가 된다.

'염불하는 이것이 무엇인가' 하고 '관세음보살 …….' 여기에서 힘이 생기면 염불을 일부러 할 필요가 없이 그냥 '이, 뭣고' 화두로 나아간다. 이는 바로 성품을 가리키며 마음도 아니고 부처도 아니어서 사량으로는 알 수 없다. 다만 '뭣고' 라는 활구 의심으로 곧 성품이 드러난다. '이, 뭣고……' 하지만 간절한 발심이 없는 사람들은 자기가 좋아하는 불보살님 명호를 하나를 선택하여 깊이 믿고 염불을 하다보면 의심이 일어날 것이다. 불보살님 명호는 성품의 다른 이름이기 때문이다. 의심이 젖은 나무에 불붙이듯 끊어지는 것은 아직 마음이 본래 부처라는 확실한 믿음을 성취하지 못했기 때문이다. 확실한 믿음은 밖으로 부처를 구하는 마음을 끊어버리고 눈앞에는 알 수 없는 활구인 '이것' 만을 드러내 놓는다. 그래서 오직 밝히고자 하는 마음에 대분심과 용맹심이 따라서 일어나 대의단을 형성하여 마침내 인연이 성숙되면 화두를 타파하게 된다.

'염불하는 이것이 무엇인가…… 이, 뭣고'

이렇게 되면 염불하는 이것이 분명하게 드러나서 '염불하는 이것이 무엇인가.' 하는 염불화두가 된다. 이와 같은 염불화두 법은 간화선의 지침서인 몽산 법어의 저자인 몽산 화상께서 주창한 것이며 고려 말의 대선지식이었던 나옹 선사께서 누이동생에게 내려준 법어의 내용이다.

관세음보살을 부르면서 한 생각을 놓칠 때마다 '염불하는 이것이 무엇인가.' 일념도 그냥 흐르지 않게 단속을 하면서 앞으로 한발 한발 나아가니 어느덧 베이스 캠프인 마지막 산장에 도착하였다.

먼저 도착한 수많은 외국인들이 느긋하게 셀파들과 휴식을 취하면서 체력을 보충하고 있었지만 모든 여건을 갖추지 못한 입장에서 출발하였기에 힘든 고행의 시간이었다.

지구상에서 가장 높은 오천 미터가 훨씬 넘는 쵸랑페스라는 고갯길을 넘어가기 위해서는 새벽 네 시가 가장 안전하다고 하여 모두가 지혜를 짜고 있었지만 나는 오로지 호흡을 살피면서 한 생각이 일어나거나 몸에서 일어나는 감각을 바로 알아차리고 '관세음보살' 하면서 넘어가리라고 마지막 점검과 다짐을 하고 출발 선상에 나섰다.

이 고개를 넘다가 죽은 사람도 있다는 생각에 두려움이 몰려왔지만 바로 알아차리고 '관세음보살' 하면 두려움은 사라지고 흔들리지 않고 변함없는 성품이 바로 나타났다. 매서운 추위와 세찬 바람을 이기며 들어갔다 나가는 호흡을 알아차리고 관세음보살을 놓치지 않으려는 필사적인 용맹심과 물러나지 않으려는 분심으로 앞으로만 나가다 보니 어느덧 안나푸루나가 찬란한 아침 햇살과 함께 장엄한 모습을 드러내었다. 풍요의 여신 안나푸르나는 바로 관세음보살이었다.

관세음보살을 연호하면서 국경을 초월하여 모든 사람들과 부둥켜안고 우리는 하나가 되었다. 너와 내가 사라지고 우주의 성품에 계합하여 모두가 깨달음을 성취하는 순간이었다.

높고 높은 히말라야도 결국에는 허공에 건립된 세계라면 무너지는 때가 있지만 허공은 모양이 없으니 무너지지 않는다. 그렇다면 허공인 줄 아는 이것은 다시 무엇인가? 관세음보살을 염하는 이것은 무엇인가 ……. '이, 뭣고' 허공을 한주먹으로 박살을 내버리고 다시 한발 한발 오를 때 보다 더 무섭게 화두를 챙기고 내려오지 않으면 다시 매하여 죽는다.

오를 때 보다도 산을 내려 올 때가 더 위험하다고 했다. 한 생각이 일어나거나 대상을 만나면 바로 돌이켜 성품을 등지지 말아야 하기 때문이다. 하지만 한참을 내려오다가 체력이 바닥이 난 것인지 아니면 풍요의 여신 안나푸루나의 아름다운 자태를 떨치지 못했는지 그만 쓰러져서 며칠을 기어서 내려와야 했다. 오로지 내려가지 않으면 죽는다는 생각에 두려운 마음이 일어나면 바로 알아차리고 호흡을 살피면서 '관세음보살 …….'

생사란 육신의 죽음이 아니라 한 생각이 일어나고 사라짐이 역역했다. 어느덧 관세음보살님의 가피로 살아서 내려왔더니 반겨주는 사람이 없어 너무나 슬펐지만 한 생각을 돌이키고 주위를 둘러보니 황금빛 보리밭이 물결을 이루고 고향에 온 것처럼 포근하게 감싸주었다. 그래서인지 해마다 이맘때가 되어 보리밭을 보면 왠지 고향이 그립고 히말라야가 그리워 훌쩍 떠나고 싶어진다.

마음은 밝음 뿐

오늘은 태풍으로 끊어졌던 뱃길이 다시 열려 읍내에 나갔다.

선상 위에서 서로의 안부를 묻는 정겨운 모습에 가슴이 따뜻했다.

볼일을 급히 마치고 시간이 없어서 좋아하는 자장면은 사먹지 못하고 매표소 옆에 서 있는데 절에 오는 보살님이 붕어빵을 사줘서 맛있게 먹고 붕어빵에 왜 붕어가 없느냐고 했더니 한바탕 웃음바다가 되었다.

이름과 모양이 붕어빵이지 붕어는 없었다.

삶에 있어서 분노와 슬픔, 괴로움이 얼마나 힘들게 하는지 다 경험해 보았을 것이다. 호흡을 가다듬고 자세히 살펴 반조해 보면 이름만 있을 뿐 사실은 우리 마음은 본래 밝음 뿐이다. 있다고 하면 느낌으로 있을 뿐 실제로는 없기 때문이다.

한 생각 분노와 슬픔이 일어나면 바로 알아차리고 속지 말아야 한다.

붕어빵에 붕어 없듯이 마음은 본래 밝음 뿐이다.

먹구름 헤치고 살포시 얼굴을 내미는 태양처럼 …… .

소통의 바다

바다는 여름날 들뜬 기운을 차분하게 가라앉히고
섬들은 가부좌를 틀고 깊은 선정에 들었다.
하늘과 바다는 마치 도장을 찍은 듯 하나로 만나 안과 바깥이 한결같이 둥글어서
궤맨 흔적이 없는 마음인 듯 그대로 본래면목을 드러내고 있다.

또 하나의 섬

망망한 큰 바다에서 태풍을 만나면 안전한 섬으로 피신을 해야 하듯이 인생 고해에서 표류하지 않고 위풍당당하게 살아가려면 진리를 만나야 한다.

진리란 다름 아닌 길이기 때문이며 길을 모르면 안개 낀 다리 위에서 갇혀있는 것처럼 답답하고 초조하다. 그러면 길은 어디에 있는 것일까? 지금 여기 삶의 현장에서 일어나는 몸의 감각과 일어나는 한 생각을 여실하게 살펴서 아랫배에 마음을 두고 들어가고 나가는 호흡에 실어서 화두를 들게 되면 마음자리가 드러나게 된다. 이것이 바로 길이요, 진리요, 생명인 것이다. 그러면 지금 거처하는 곳에서 저마다 주인이 되고 하는 일마다 진실을 이루게 된다.

처음 섬에 오게 된 인연은 작고 가난한 암자에서 오로지 공부나 해야겠다는 소박한 생각이었으나 불교가 무엇인지 배우지 못해서 방황하는 사람이 많아서 안타까운 마음에 수련회를 시작하게 되었다. 교계에서는 섬에서 처음 시작하는 수련회라서 관심이 많았으며 아름다운 섬에서 하는 수련회라는 설렘으로 호응이 너무나 좋았다. 처음 취지는 섬에 사는 불자들이 함께 참여하여 서로 의식을 교류하면서 수행하는 모임으로 이끌어 가려고 했으나 바쁜 농사일로 참석하지 못했기 때문에 외지에서 오는 불자들 위주로 하게 되었다.

섬에 사는 불자들은 일 년에 세 번 절에 온다. 참으로 소박한 불심으로 집안의 대소사를 치러내며 자식들을 객지에 보내놓고 항상 걱정하는 마음을 부처님께 의지하며 살아간다. 처음에는 법당에서 법문을 하고 교리를 가르쳐보려고도 했지만 농사일 때문에 시간도 없고 해서 관세음보살님을 한번이라도 더 부르고 축원을 해주는 것으로 위로를 받았다. 기복적인 신앙이라고 해도 큰 욕심 부리지 않고 집안을 지키고 자식들의 건강을 바라는 부모의 마음은 참으로 아름답기 때문이다.

송광암에서 여름과 겨울에 치러졌던 수련회 프로그램은 섬의 아름다운 자연을 이용해서 주로 행선 위주로 진행하여 삶의 현장에서 직접 부딪치는 경계를 붙잡고 어떻게 마음을 다스려야 바깥 대상에 휘둘리지 않고 바로 마음의 주인이 되어 살아갈 것인가 하는 것이었다. 팔 년 가까이 많은 수련생들이 다녀가면서도 조그만 사고 한번 없이 원만하게 치러낼 수 있었던 것은 참으로 부처님의 가피가 아니었으면 불가능했을 것이다.

지금 돌이켜 생각을 해보면 너무 무모하지 않았는가 하는 생각이 드는 것은 강도 높은 프로그램으로 고행에 가깝도록 진행을 했기 때문이다. 하지만 그렇게 하지 않았으면 섬에서 낭만적인 생각으로 자세가 흐트러져서 사고가 날 수 있었기 때문이었다.

송광암에서 임기가 끝나고 육지로 떠나려고 좋은 터를 찾았으나 자꾸 선몽으로 선원의 자리를 안내해 줘서 인연 터임을 알고 공부의 보림 처소로 정하게 되었다. 새로운 도량을 하나 일군다는 것이 보통 어려운 일이 아니었다. 그래서 불사의 공덕이 크다고 경에서 말을 했는지 모른다.

4년 가까이 하루도 빠지지 않고 새벽부터 해가 질 때까지 울력으로 정진을 하다 보니 몸은 아프고 자외선에 얼굴을 상해서 큰 고생을 했다. 덕과 능력이 부족해서 너무나 괴롭고 외로운 힘든 시간이었지만 참으로 귀한 시간을 보냈다는 것을 이제야 알게 되었다.

온몸으로 정진을 하니 나날이 공부가 진전되고 업장이 녹아져서 몸은 점점 가벼워졌다. 불사에 지치고 힘든 하루하루를 마치 돌탑을 쌓듯이 정성을 다하다보니 업장은 무너지고 마음은 점점 쉬어만 갔다. 공든 탑은 큰 돌과 작은 돌이 서로 받들어 주고 어울려야 이루어진다는 사실을 깨닫게 되었다.

허리를 구부려야 들어갈 수 있는 해우소에
하심이라고 붓으로 써놓았지만
가끔 머리를 부딪치는 사람이 있어 한 소식 했느냐고 물으면
말은 못하고 웃기만 하니 좋은 소식인 셈이다.

해우소에서

해우소解憂所란 근심걱정을 놓아버리는 곳이란 뜻으로 사찰의 화장실을 말하며 한 생각 번뇌를 쉬는 곳이다.

현대인들은 먹는 일은 잘하지만 배설하는 일은 서투른 나머지 고통을 받는 사람들이 많은 것 같다. 먹을 때는 천천히 먹어야 하며 배설할 때는 탐진치貪瞋痴 삼독까지 버리고 버렸다는 생각마저 버려서 더 이상 허물을 짓지 말아야 하는 것이 해우소의 근본 뜻이다. 큰 절의 해우소를 처음 대하는 사람들은 너무 깊어 무섭다는 생각에 오히려 근심을 푸는 일이 쉽지가 않지만, 드물기는 해도 운치가 있는 암자의 해우소는 근심을 내려놓기에 참 좋은 명당에 자리를 잡고 있다. 우선 앞이 훤칠하게 틔어서 조망권이 압도적이며 풀이나 낙엽 혹은 재로 덮어서 배설물이 냄새가 나지 않고 향기가 난다. 그래서 암주의 안목까지 살필 수가 있어서 볼일을 보고 나면 웃음이 절로 나게 된다.

해우소를 지으려고 여러 구상을 해놓고 나무를 베어 놓은 지가 반년이 되었지만 그동안 도량정리에 몸이 열 개라도 모자랄 정도로 바빴다. 하지만 더 이상 미룰 수가 없는 일이라서 착수하기로 마음을 먹었다.

터는 양양하고 편안해서 수맥이 흐르지 않는 곳으로 정하고 대들보는 곧은 소나무를 쓰고 나머지 기둥은 참나무지만 멋을 내기 위해서 구부러진 소나무 몇 개를 더하였더니 운치가 난다. 바깥벽은 돌담으로 쌓고 안벽은 황토로 처리를 했더니 옛날 시골집 측간처럼 보인다. 지붕은 너와로 해서 깊은 산골에 앉아있는 것만 같다. 허리를 구부려야 들어갈 수 있어서 하심이라고 붓으로 써놓았지만 가끔 머리를 부딪치는 사람이 있어 한 소식 했느냐고 물으면 말은 못하고 웃기만 하니 좋은 소식인 셈이다.

이렇게 해우소를 손수 짓느라고 몸을 다쳐서 고생을 했는데 요즈음 보람을 느낀다. 작년 여름 수련회 때는 미국 워싱턴대학 학생이 왔었는데 중국에 가서도 이런 해우소는 없었다고 하면서 제일이라고 극찬을 했다. 어제 도반스님도 소박한 맛이 일품이라고 한 것을 보면 좋고 나쁜 것이 없지만 일이 잘 풀렸다는 뜻일 것이다. 여기에 해우소 자리를 잡은 것은 나만의 뜻이 있었으니 새벽에 볼일을 보면서 파도소리를 들으면 더없이 편안해서 마음마저 놓아 버리기 때문이다.

근심걱정이 본래 없어서 허망한 것인데 있는 줄로 착각을 하면 뒤를 보는 일이 잘 되지 않을 것이다. 천천히 마음을 빼앗기지 말고 과식을 삼가해서 채식 위주로 먹고 충분한 수분을 섭취하면 뒤를 보는 일도 근심을 푸는 일도 보다 순조로울 것이다.

배설할 때도 억지로 하지 말고 몸에서 일어나는 감각을 그대로 살펴서 하나가 되어주면 근심은 저절로 풀어지는데 조금이라도 힘이 들어가면 쉽게 일이 해결되지 않는다. 모든 일은 자연스러워야 하기 때문이다. 일을 끝내고 나서 몸이나 마음도 거품인 줄로 살피면 무엇을 버리고 또한 무엇을 비웠다는 생각마저 사라져서 허공 속을 거닐게 될 것이다.

졸지 않는 것이 법력

송광사 수련회 단상 _ 하나

오늘은 기온이 39도를 올라갔다고 한다. 연일 기록을 갱신하고 있다. 송광사 사자루에는 백여 명이 넘는 수련생들이 가부좌를 틀고 사자처럼 용맹스럽게 앉아 있다. 저마다 자기 가정과 직장을 대표하여 온 사람들이기에 서로를 의식하면서 찜통더위 속에 졸지 않으려고 몸부림을 치고 있다. 집에서는 혼자서 공부를 하다가 졸음이 오면 참지 못하고 금방 누워버릴 텐데 대중의 힘이 그렇게 공부를 시키는 것이다.

노장스님들이 말씀하시기를 공부는 대중이 시켜주는 것이라며 웬만하게 힘을 얻지 않고 토굴 살이를 하면 게을러지고 마장이 생긴다고 하였다. 초심 불자도 마찬가지여서 지금 만나는 사람과 이 자리를 떠나서 따로 공부가 있다는 생각을 해서는 안 된다. 오히려 그런 관념을 넘어서면 수행에 힘이 생겨서 어른들을 잘 모시면서 화목한 가정을 만들 수 있기 때문에 부처님 가르침이 좋다는 칭찬을 듣게 된다. 하지만 부처님의 가르침이 좋다고 하여 집안일에 소홀하고 어른들을 잘 모시지 않으면 식구들에게 원성을 사게 되니 부처님의 법이 하찮아져서 신심을 떨어지게 하는 업을 짓게 된다.

사실은 옛부터 내려오는 귀머거리 삼 년, 장님 삼 년, 벙어리 삼 년이라는 시집살이를 억울해 하지 않고 잘만하면 참으로 하심이 되고 회광반조가 되어 수행을 하기에 좋은 덕목이었다. 험한 세상을 극복하고 살아온 부모님들의 얼굴은 넉넉하고 후덕해서 한없는 자비심이 우러나와 잘 익은 과일처럼 향기가 난다. 세상사 길흉화복이 그대로 수행의 관문이 되기 때문이다. 다만 깊은 산속에 와서 이러한 조용한 시간을 갖는 것은 불법의 지극한 이치가 세상과 둘이 아니니 깨달아서 잘 실천하라는 가르침의 장인 것이다.

불법이 깊은 산에만 있다면 급한 일이 생겼을 때 해결하려면 시간과 공간의 제약을 받게 되겠지만 마음이 부처인 줄 알고 만나는 사람과 가족들을 부처로 모시라는 선의 가르침을 수련회를 통하여 깨닫게 되면 처하는 곳마다 주인이 되고 하는 일마다 다 진실하다는 임제 스님의 가르침을 요달하게 될 것이다.

수련회에서 지도법사의 법력은 더운 날씨에 졸지 않고 모기가 물어도 꼼짝을 하지 않는 것이다. 하지만 스님도 사람이어서 피곤한지라 나도 모르게 졸다가 모기라도 잡는 날이면 쌓아 놓았던 법력이 다 무너지고 수련생들의 웃음거리가 되어 고개 들기가 부끄러워진다. 잠에는 장사가 없다고 점심 공양 뒤에 시작되는 강의는 졸려서 하는 사람이나 듣는 사람 모두가 힘들기 마련이다. 경책을 서는 지도법사도 졸지 않을 수가 없어서 곤혹스럽기는 마찬가지다.

근래 한국 선불교의 중흥조이신 경허 선사는 정진할 때 졸지 않으려고 턱 밑에 커다란 송곳을 고여 놓고 했다고 한다. 어느 선방스님은 묵언정진을 하면서 졸지 않으려고 턱밑에 송곳을 고였더니 고개가 어찌 알고 피해서 가운데로는 가지 않고 양쪽 옆으로 졸더라는 법문에 수련생들이 일시에 박장대소를 하여 수련장이 떠나갈 것만 같다.

한량없는 세월에 수행을 장애하는 것은 수마인 졸음이 가장 무섭다고 했다. 한때 토굴에서 정진하면서 장좌불와 한다고 앉아 있다가 깨어보면 허리가 꺾어지고 이마는 방바닥에 박혀 있었다. 나의 정진력이 부족하다는 절망감으로 죽고 싶은 때가 한 두 번이 아니었다. 선방에서 졸고 있는 스님을 발견하여 경책을 하면 자기는 졸지 않았다고 시치미를 떼는 바람에 난처할 때가 있다. 아직 자존심이 남아 있어서 경책해주는 것을 고맙게 생각하는 마음이 부족하기 때문이다.

수련생들은 내가 졸지 않고 꼼짝도 안 하니까 돌부처라고 별명을 부르기도 한다. 천하장사도 졸음과 싸우면 이길 수가 없듯이 정진하는 사람도 끝까지 화두를 챙길지언정 졸음과 싸우면 이길 수가 없어서 졸음을 넘어설 수가 없다. 어둠인 졸음을 몰아내려고 하지 말고 밝음인 화두만 들면 스스로 물러나는 것이다.

참으로 화두를 들고 깨어있으면 졸음이 망상처럼 들어오는 것이 보이기 시작하여 잡히게 되는데 어둡인 졸음이 밝은 마음의 빛을 만나서 전광석화처럼 빛으로 화하여버린다. 이때의 환희심은 표현할 수 없지만 졸음을 감지한다고 기다리는 어리석음으로 다시 미하게 되니 상관하지 말고 화두만 챙기면 졸음은 붉은 화로에 눈이 녹듯이 사라져 버린다.

인연

송광사 수련회 단상 _ 둘

이번 여름 수련회도 막바지에 접어들었다. 산사라고 해서 더위가 없는 줄 알고 찾아온 사람들도 있지만 쇠가 뜨거운 용광로에 들어가서 잡철을 모두 제거하고 나면 강철로 다시 태어나듯이 수련회도 마찬가지여서 세상사에서 찌들은 번뇌와 망념을 고행을 통해서 지혜로 돌이켜 전환하는 과정이다.

더운 날씨에 여러 차수에 걸쳐 지도 법사를 맡고 있어서 체력은 거의 바닥이 나고 힘들기는 마찬가지다. 그럴 때마다 고개를 들어 연꽃처럼 아름답고 수려한 조계산정에 흘러가는 구름을 바라보며 잠시 쉬어 간다.

고려시대 보조 국사 지눌 스님께서 창건하시고 산 이름을 조계산이라고 했던 것은 육조 혜능 스님의 가르침인 단경을 지침서로 삼아서 선을 중흥시키려는 원력이었을 것이다. 따라서 정혜쌍수라는 수행 원리를 기본으로 하여 십육 국사를 배출하고 근래에는 효봉, 구산 큰스님을 배출한 승보종찰이라서 더욱 자부심이 생긴다.

산세가 연화부수 형국이라고 해서 도량에는 탑을 세우지 않은 것이 특색이며 스님들 사이에 전해오는 엄격한 청규는 승보종찰로서 모범이 되고 있다. 산세를 따르는 것인지 스님들의 성품도 온화하고 수행하기를 즐겨해서 모두가 해맑은 모습이다.

수련생들은 조석예불 시간에 대웅전에서 울려 퍼지는 장엄한 스님들의 예경 소리에 환희심을 느끼며 함께 동참하고 있다. 선원과 강원, 율원에서 정진하는 스님들의 맑은 기운이 그대로 수련생들에게 전해져서 알게 모르게 깨달음의 기운을 촉발 시키고 있는 것이다. 또한 예불이 끝나고 기러기처럼 한 줄로 걸어가는 성스러운 안행은 많은 수련생들에게 누구나 한번쯤 출가를 꿈꾸게 할 것이다.

나의 출가 동기를 돌이켜 보면 고향 마을 뒤에 절이 있었는데 스님께서는 시주를 받으러 내려올 때마다 구수한 옛날 스님들의 수행 이야기를 해주었다. 그런데 초등학교 육학년 때 갑자기 큰 의문이 생겼는데 세상의 모든 언어들이 의심이 되어서 선생님께 물어보았지만 대답을 해주지 않았다. 마지막에는 호흡이라는 말마저 의심을 하니 숨이 막혀 견딜 수가 없어서 스님께 질문을 했지만 송광사로 안내를 해주었다. 어린 나이에 절집에 들어왔지만 행자생활에는 예외가 없어서 잠이 많아서 새벽예불이 가장 힘이 들었고 행자실의 규율이 엄격해서 조금이라도 게으름을 피우는 날에는 구참 행자님들이 시키는 참회의식은 무섭기만 했다.

문제가 생긴 것은 사미계를 받자마자 구산 방장스님을 찾아가서 생사문제가 다급했는지 나도 모르게 “방금 계를 받았지만 흔적이 없습니다.” 라고 했다. 그런데 이놈이 건방진 소리를 한다고 하면서 주장자로 내리치면서 혼쭐을 내고 강원에 들어가서 경전을 배우며 사문의 위의를 갖추라고 하였다. 은사스님께서는 큰 선지식이 눈앞에 있어도 전생인연이 부족하면 어쩔 수가 없으니 내 고향 연풍 근처에 있는 봉암사에 서암 큰스님이 선지식이니 찾아가라고 했다.

초여름 어둠이 내리는 시간에 도착하여 희미한 불빛 속에서 인사를 드렸지만 너무나 반갑게 맞이해 주면서 두문불출 삼 년을 기약하지 않으면 방부를 받지 않겠다고 하였다. 삼 년을 오로지 일하면서 지극정성으로 참구를 했더니 큰 힘이 생겼는데 잠이 사라져서 밤낮이 없었다. 하지만 아쉽게도 공부를 끝내지 못하고 군대에 가게 되었는데 신기한 것은 고된 훈련 속에서도 맑은 기운이 사라지지가 않아서 그 힘으로 군 법당을 세워서 많은 훈련병들과 생사고락을 같이 하였다.

어린 나이에 출가하여 세상을 몰랐는데 크고 작은 사고나 병사들의 고민이 너무나 많아서 세상의 아픔을 알고 보니 막연히 동경했던 세상사에 대한 마음이 점점 사라지고 제대할 무렵에는 못다 한 수행을 성취해야겠다는 원력이 다시 불처럼 일어났다.

다만 세상의 아픔을 알았으니 조금이라도 시주의 은혜를 갚아야겠다는 생각에 십여 년을 한 철도 거르지 않고 수련회에 참여한 계기가 되었다. 더구나 서암 큰스님의 가르침은 수행의 힘을 조금이라도 얻었다면 그 여력으로 전법을 해서 부처님의 가르침으로 세상을 정화하는 것이 사문이면 반드시 걸어야 할 사명이라고 하셨기 때문이다. 하지만 수련회가 벌어지는 생생한 현장은 참으로 진실하고 소박한 마음이 아니면 금방 공부의 밑천이 드러나기 때문에 오히려 많은 경책을 받아서 더 분심이 일어나고 용맹심이 생겨서 화두의 의단을 밀고 가는 데는 더없이 좋은 기회가 되었다.

세상을 등지고 처음 입산을 하면
일정기간 행자생활을 거치는데
거칠고 날카로운 기운을 일로써 잠재우고
업력을 녹이며 하심을 배우는
좋은 시간이다.

행복의 지름길

송광사 수련회 단상 _ 셋

가을이 어느덧 조계산 가까이 내려오고 있을 때 대웅전 뜨락에는 특별히 마련된 수련회에 참여하는 사람들이 하나 둘 모이기 시작한다. 자원봉사로 묵묵히 뒤에서 수련생 뒷바라지를 했던 사람들과 가을 산행을 좋아하는 사람들을 위한 수련회인 셈이다. 장마와 함께 시작된 수련회가 비가 와서 진행상 불편한 것이 많았지만 후원에는 자원봉사자로 참여하여 뒤에서 말없이 수련생들을 뒷바라지하는 사람들이 있었다. 자격은 한번 수련회에 참여한 사람들로서 감동과 환희심을 잊을 수 없어서 고마운 마음을 되돌려주고 싶은 소박한 생각으로 참여한 것이다. 세상사 어느 것에도 마음을 두지 못하고 방황을 거듭 하다가 수련회의 인연으로 일시에 방황을 그치고 삶의 의미를 회복하여 지나간 힘들었던 인연들을 오히려 스승으로 삼아서 용서하고 자기 업을 참회하기 까지는 많은 시간이 걸렸을 것이다.

세상을 등지고 처음 입산을 하면 일정기간 행자생활을 거치는데 거칠고 날카로운 기운을 일로써 잠재우고 업력을 녹이며 하심을 배우는 좋은 시간이다. 처음에는 요령을 몰라서 일과 싸우지만 차차로 일속에서 일어나는 생각들을 관찰하여 흘려보내고 몸에서 일어나는 감각을 따라가지 않고 돌이키다 보면 몸도 마음도 점차로 가벼워지게 된다. 자원봉사자들은 수련생들에게 도움을 주고자 자비심을 일으켜 도우미를 자청하고 일하면서 수행을 실천해 보이고 있다. 오히려 스스로가 모범을 보여야 하기 때문에 묵언을 하고 행동하는 것이 더욱 조심스러운 것이다. 스님들이 부모 형제를 등지고 출가를 하게 되면 자기 혼자만 편하기 위한 것이 아니냐는 비난을 받는다. 사실은 자기 고뇌의 무게에 눌려서 숨을 쉬지도 못하는 처지에서 자기 살려고 출가를 한 것이다. 그러나 한해 두해 지나면서 이기심이 어느덧 자비심으로 바뀌지 않으면 수행에 진전이 없고 공부한다고 하지만 몸에서는 타인을 배려하는 훈훈한 기운이 없어서 뾰쪽하고 덕이 없다. 그래서 성직자들이 자비심을 내라고 이야기는 제일 많이 하지만 실천을 하지 않는 것도 제일이라고 하는 우스갯말이 있다.

티벳 사람들의 살아있는 부처로 존경을 받고 있는 달라이라마는 중국에 나라를 빼앗겨 수많은 사람들이 죽었지만 용서를 하고 더욱 자비심으로 이들을 감싸고 있다. 모든 생명들이 궁극에는 나의 목숨과 둘이 아니어서 서로 의지함으로써 존재하기에 너와 나가 둘이 아니라는 연기법인 중도를 깨달으면 자비심이 일어난다고 가르치고 있다. 남을 용서하고 자비심을 낸다는 것이 결국에는 자기가 행복으로 가는 지름길이기 때문이라고 역설하고 있다.

오늘은 차를 나누는 시간에 특별한 공연이 있는 날이다. 티벳의 세계적인 음악가 나왕케촉의 영혼을 깨우는 피리 연주가 있기 때문이다. 사람의 뼈로 만든 티벳의 전통악기로써 깊고도 오묘한 소리를 내는 피리소리는 뼛속에 저장된 사람마다의 긴 어둠의 그림자를 불러내어 빛으로 화해시키고 있다. 사자루의 전통 목재 건축이 만들어 놓은 빼어난 연주공간은 피리 소리를 범음으로 바꾸어 천상의 소리인양 수련생들을 무명에서 깨우고 있다. 이번 연주회는 나왕케촉이 원하여 이루어진 것으로 한국의 전통사찰 송광사에서 울려 퍼지는 피리소리가 머나먼 티벳 불교와 다리를 놓는 인연으로 성숙되기를 바랬다.

나왕케촉의 연주회가 끝나고 나서 구멍 없는 피리소리가 참으로 훌륭했다고 덕담을 건넸더니 내가 입고 있는 기운 누더기가 보물이라고 하면서 몇 년이나 됐는지 묻기에 입으로 붕하면서 피리소리를 냈더니 빙그레 웃는 미소가 해맑아 보인다.

자원봉사자들도 함께 참여하였기에 감동은 남달라서 더욱 환희심으로 눈가에 이슬이 맺힌 사람도 있다. 일하면서 수련생 뒷바라지를 하겠다고 일으킨 자비심이 오히려 자신들에게는 무거운 업력을 녹이는 계기가 되었으며 닫혔던 마음이 열렸기 때문이었다.

강물이 흘러서 바다에 이르듯 기운 달이 차서 둥근 달이 되듯
이와 같은 수행의 공덕으로 나와 더불어 모든 이웃들이
원한과 고통 불안에서 벗어나 기쁨과 행복을 누리기를 기원 합니다.

자비 축원문을 암송하면서 살아있는 모든 생명들이 다함께 평화롭기를 두 손 모아 합장을 올린다.

차 한 잔을 나누며

송광사 수련회 단상 _ 넷

수련회가 끝나는 마지막 날 저녁 예불을 모시고 진행되는 차 한 잔을 나누며 프로그램의 취지는 철야정진과 1080배를 통과해야 하는 마지막 관문을 앞두고 그 동안 긴장된 몸과 마음을 잠시 풀고 지도법사 스님들을 앞에 모셔놓고 공부하면서 궁금했던 것들이 있으면 묻고 대답하는 시간이다. 잠시 묵언을 해제하는 죽비소리가 울리니 막혔던 물꼬가 터지는 듯이 말들의 성찬이 시작되고 어느덧 도반이 된 수련생들이 손을 내밀면서 마치 오랜 지기처럼 법담을 나누는 모습이 참으로 정겹다. 세상에서의 만남은 서로의 이해나 조건이 필요하지만 수련회의 만남은 아무런 조건도 없고 오직 마음을 쉬고 나누는 법의 만남이기에 참으로 귀한 것이다.

지도법사 스님들은 오히려 이 시간이 긴장이 되어 어려운 시간이다. 수련생들의 날카로운 질문에 대답을 잘하지 못하면 평소의 정진력이 드러나서 곤란하기 때문이다. 하지만 선지식이 따로 없으니 좋은 경책으로 받아들이면 다시 발심하는 인연이 되어서 소중한 탁마의 시간이다.

나의 소임은 좌선 지도법사이기에 항상 엄하게 해야 공부의 분위기를 잡을 수가 있어서 별명이 선임하사이다. 불만스러운 것은 다른 법사스님들은 편하게 해주려고 하다 보니 수련생들에게 인심을 많이 얻는데 나의 경우는 엄한 아버지 역할처럼 해야 하니 인심도 못 얻고 힘이 들기 때문이다. 그러나 시간이 지나고 만나는 사람들은 그때에 엄하게 가르쳐줘서 오히려 고맙다는 인사를 받았을 때 보람을 느낀다. 강의 시간에 아무리 좋은 법문을 들었더라도 실제로 좌선을 통해서 마음을 그대로 드러내는 실천이 없으면 하루 종일 은행원이 남의 돈을 세는 것처럼 아무 이익이 없기 때문이다.

수련생들의 출신과 성분들이 참으로 다양하고 참여하게 된 동기도 여러 가지며 다른 종교인과 성직자들도 참여하고 있다. 특히 인상적이었던 것은 카톨릭 수사님으로 그동안 공부를 하면서 망상이 일어나면 끊어버리는 것으로 공부를 삼았더니 공부가 진전이 없고 답답하여 길을 몰라서 헤매었다고 했다. 그런데 망상이 일어난 것을 걱정하지 말고 빨리 알아차리면 바로 그치고 아는 마음이 나타나면 다시 의심으로 회광반조 하라는 가르침을 실천해 보니 마치 큰 짐을 내려놓은 듯 마음이 편안하다고 했다.

마음이야 종교가 다르다고 해서 달라지는 것이 아니기 때문이다. 송광사 수련회의 특색은 참선 위주여서 모든 강의가 참선을 하기 위해서 필요한 이론과 올바른 실천 방법들로 짜여있다. 그래서 선수행의 지침서가 주요 내용이다.

처음 좌선을 하는 초심자들은 잠깐 앉아 있어도 몇 시간이 흐르는 것처럼 다리가 아파서 견디기가 어렵다. 스님들도 마찬가지여서 첫 안거를 나는 때는 몸과 싸우느라고 배가 고프고 저녁 방선이 끝나면 몸은 천근만근이 되어 쓰러져 버린다. 수련생들도 처음에는 좌선 시간이 힘들어서 죽을 지경인지 얼굴이 창백해 보이지만 끝나는 날부터 적응이 되어서 혈색이 살아나고 정진을 더 하고 싶어서 아쉬워하는 사람들이 많이 있다.

공부가 되지 않으면 특히 방선 죽비 치기 5분 전이 가장 힘들어서 언제 죽비소리가 울리나 시계 초침이 움직이는 소리는 몇 시간이 지난 것처럼 느껴진다. 하지만 자전거도 처음 탈 때는 힘들어도 자꾸 연습을 하다보면 나중에는 두 손을 놓고 탈 수 있는 것처럼 좌선도 자꾸 하다보면 한 시간은 금방 흐르는 때가 온다.

수련생 가운데 한 사람은 너무나 자세가 좋고 흐트러지지 않아서 무슨 화두를 들고 있기에 졸지도 않느냐고 했더니, 처음 왔기 때문에 아직 화두가 무엇인지 모르고 그냥 앉아 있자니 심심하고 다리가 아파서 지금까지 알고 있는 유행가 가사를 기억해서 부르다 보니까 다리도 아프지 않고 한 시간이 금방 지나갔다고 했다. 듣고 보니 너무 재미가 있어서 수련생들이 그 동안 참았던 웃음이 한꺼번에 터져서 사자루가 떠나갈 것 같다.

초심자들의 정진하는 모습이지만 이렇게 해도 망상과 싸우는 것과는 달라서 수행이 된다. 왜냐하면 분명하게 노래를 부르고 있음을 지켜보고 있기에 망상은 그치고 오직 노래만 흐르니 집중이 이루어지는 사마타 수행이 되기 때문이며 다리가 아픈 줄 모르고 한 시간을 그냥 앉아 있을 수가 있다. 그래서 노래 대신하는 것이 염불화두이다. 일어나는 망상을 분명하게 알아차리고 자기가 좋아하는 불보살님 명호를 부르면 망상이 바로 그치고 아는 마음과 하나가 되는데 초심자들은 화두가 안 되기 때문에 이렇게 마음의 다른 이름인 불보살님을 부르면서 순간순간 마음을 드러내는 것이다. 그러나 망상이 많아서 끊을 목적으로 부르면 처음에는 안정이 와서 편안하지만 오랜 시간 계속하면 마음이 무기력해지고 답답해진다. 하지만 워낙 급한 일이 벌어지고 흔들릴 때는 이렇게라도 마음을 안정시켜야 되겠지만 오래 머물러서는 안 된다.

망상이 일어나면 바로 알아차리고 그냥 '관세음보살' 하면 바로 그치고 아는 성품이 드러나는데 한 걸음 더 나아가면 '관세음보살' 하는 이것이 무엇인가 의심을 일으킨다. 공부가 힘이 생기면 염불할 것도 없이 그냥 망상이 일어나면 바로 알아차리고 화두를 챙기면 된다. 마치 목마른 사람이 물 찾듯이 하고 늙은 어머니가 외아들을 잃고 슬픔에 잠겨 아들 생각에 일이 손에 잡히지 않아 허공을 바라보며 외아들 이름을 부르듯이 간절하게 공부를 챙겨야 한다.

흔히 생각하기를 수행이 깊어지면 감정이 없는 사람이 되는 줄 알고 있으며 육망이 점점 떨어져 나가니까 수행이 깊어지는 것을 두려워한다. 하지만 수행이 깊어질수록 더욱 하심을 하게 되어 겸손해지며 훈훈하고 포근해서 자비심이 생기고 끝내는 참으로 얻을 것이 없어서 보통 사람으로 돌아오게 된다. 그러나 공부를 잘못하면 수행상이 붙어서 인간 냄새가 전혀 나지 않는 사람이 있으니 이것은 수행을 잘못하여 생겨난 병폐이다.

차를 나누면서 여러 사람들의 신행과 수행 이야기를 듣고 신심을 더욱 다지며 수련생들은 이제 하나가 되어 더욱 귀한 존재임을 확인하였으니 다시 들뜬 기운을 가라앉혀서 마지막 철야정진의 관문을 무사히 통과해야 한다. 다시 죽비를 잡고 일부러 엄하게 경책을 하면서 수련 분위기를 틀어잡는다. 그렇지 않으면 풀어져서 무사히 마치기가 어렵기 때문이다.

철야정진 시간에는 조는 사람들이 많아서 제대로 공부를 하는 사람이 몇 사람 되지가 않는다. 더구나 화두를 챙긴다는 것은 초심자들은 힘들기 때문에 극기 훈련하는 것이다. 그러나 괴롭다고 포기하지 않고 몸에서 일어나는 감각을 놓치지 않고 끝까지 살피면 어느새 몸과 하나가 되어 몸의 기운은 흐르기 시작해서 고통이 사라지고 물 기운은 머리에 오르게 되어 시원하게 되고 불 기운은 아랫배에 모여서 수승화강이 이루어진다. 이렇게 되면 몸의 기운은 충만해져서 우주와 하나가 됨을 느끼고 해냈다는 자신감으로 하산을 해서 세상에 가서도 매사에 적극적인 마음으로 주인이 되어서 살아가는 것이다.

자비심

송광사 수련회 단상 _ 다섯

해마다 여름이 오면 가벼운 긴장과 함께 새로운 선지식을 만나는 기쁨이 있다.

찜통더위 속에서 많은 수련생들과 고락을 같이한다는 것이 쉬운 일이 아니다. 때로는 시원한 대중처소에서 여름 안거를 보내고 싶다는 유혹이 많지만 자비심이 없는 수행은 한낱 이기심만 키운다는 생각이 들었다. 수련회에 처음 참여할 때는 여름 한 철 땀 흘리면 한 해 동안 입은 시주의 은혜를 갚을 수 있다는 생각이었기 때문이다. 그런데 한 해 두 해 경험을 통해서 오히려 나 자신이 수련을 받았다는 생각과 함께 수련생들이 나의 선지식이었다는 고마운 마음이 들었다.

많은 수련생들을 모기와 찜통더위 속에서 원만하게 이끌어 무사히 마치기란 참으로 어렵다. 지도법사의 신중하지 못한 말 한 마디, 가벼운 행동이 수련에 장애가 되기 때문이다. 세상 업에 찌든 사람들을 갑자기 묵언을 시키고 스님들처럼 공부를 시키려고 하니 잠재된 업력이 튀어나와 난처할 때가 많다. 그래서 무엇보다도 자비심이 필요하다. 자비심이 있는 경책은 수련생들의 마음을 변화시킬 수 있지만 그렇지 못하면 자신도 감당하기가 힘이 든다. 그래서 지도법사는 지극한 하심과 함께 덕이 있어야 하며 경책을 함에 있어서도 절대로 자기감정이 있어서는 안 된다.

불미스러운 일로 가끔 수련도중에 하산을 하는 일이 생기면 수련 분위기가 흐트러지고 대중들이 동요하여 원만하게 이끌어가기가 어렵기 때문이다.

수련회의 절정은 마지막 날 철야정진과 더불어 1080배를 무사히 마치는데 있다. 대중들의 긴장이 풀어지지 않아야 마지막 고개를 넘어가는데 지도법사의 역량이 이 시간에 시험대에 오르기 때문에 때로는 자비롭게 때로는 엄하게 수련생들을 채찍 하여 한 사람도 낙오자가 생기지 않아서 모두가 해냈다는 자부심을 가지고 돌아가도록 오케스트라의 지휘자처럼 최선을 다해야 한다. 그렇게 최선을 다해도 차수마다 중도에 탈락하는 사람이 있으면 마음이 아프기 때문이다.

집에서 출발을 할 때는 많은 경쟁자를 물리치고 합격 통지서를 받고 가족들 앞에서 스님들처럼 도를 닦고 오겠노라고 다짐을 했을 텐데 참지 못하고 돌아가는 심정이야 오죽하며 보내는 지도법사의 마음도 편하지가 않기 때문이다. 긴장 속에서 철야정진과 1080배를 마치고 나면 수련복은 온통 땀에 절어 있다. 수련생들은 해냈다는 자부심과 함께 모두가 하나가 된 일체감으로 얼굴은 이제 갓 태어난 아이처럼 해맑아 보이고 세상에 나가서 어떠한 어려운 일도 해낼 수 있다는 자부심으로 충만하게 된다.

지도법사가 죽비를 치면서 가사와 장삼을 입고 같이 땀을 흘리면서 동참하고 있는 모습에 수련생들의 마음은 모든 스님들에 대한 기존의 인식이 바뀌어 승보에 대한 존경과 소중함을 깨닫게 된다. 수련회가 끝나고 나면 불법에 대한 신심도 깊어지고 예전과 달라진 수련생들이 감사의 눈물을 흘리는 것을 보면서 지도법사는 큰 보람을 느끼며 무사히 끝났음을 부처님께 감사를 드린다.

송광사 수련회는 구산 큰스님께서 원력을 세우셔서 처음엔 대학생 불자들을 상대로 시작되었다. 구산 큰스님께서는 항상 자비와 미소로써 수련생들을 훈훈하게 감싸 주셨고 대중 울력에는 빗자루를 먼저 들고 솔선수범을 보여 주셨던 원력 보살이었다.

80년대는 법정 스님께서 수련원장으로 계시면서 더욱 체계화 되었고 수련 프로그램 계발에 많은 노력을 하여 해마다 거듭나고 있다. 처음 시작된 송광사 수련회의 영향으로 지금은 많은 사찰에서 수련회를 하고 있다. 각 본사마다 가풍이 달라서 수련생들은 다양한 경험을 할 수가 있게 되었으나 아쉬운 것은 수행경험이 많은 스님들께서 수련회에 동참해서 질을 보다 더 향상을 시켜야 하는데 그렇지 못하고 있는 것이 현실이다.

훌륭한 지도법사가 된다는 것이 쉬운 일이 아니다. 불교에 처음 인연을 맺는 사람들에게 있어서 엄청난 영향을 미치게 되지만 잘못하면 오히려 멀어지기 때문이다.

수련회 안거

흐름을 거슬러 뒷산에 오른다.

낙엽들은 옹기종기 모여서 지난 이야기를 속삭이고 빈 골짜기엔 메아리 발자취가 끊어졌다.

겨울산은 온통 진실 하나로 본래 모습을 드러내고 있어 더없이 편안하다. 양지쪽에 앉아서 끝없이 펼쳐진 다도해를 바라보며 수평선처럼 아득한 옛길을 되돌아본다.

성철 스님의 봉암사 결사 후 폐쇄되었던 산문을 다시 열고 선원을 개원하던 해였다.

기라성 같은 구참 납자들과 첫 철을 함께 나면서 모범적인 대중생활의 청규를 배우고 서암 조실스님께는 참으로 검소한 선가의 가풍을 익혔다.

많은 대중들이 함께 살면서도 여법하고 법을 구함에 치열했으며 구참 스님들의 일거수일투족은 항상 초심자들의 모범이 되었다.

섬에 들어와서 선원을 열고 수련회를 이끌어가면서 고독하고 정진의 끈을 놓칠 때마다 치열했던 첫 안거 시절을 떠올리면서 초발심으로 되돌아갔다.

수련회를 수행의 방편으로 삼아서 안거를 대신한 것이 벌써 이십여 년이 넘었다. 부처님의 은혜에 보답하고 시은에 떳떳하기 위해서 복과 지혜를 함께 닦는다는 생각으로 선택한 수행의 방법이다.

지치고 힘들 때마다 그만두고 대중 선방에 가고 싶었지만 많은 사람들이 힘과 용기를 얻어가는 것을 보고 오히려 많이 배웠다. 섬이라는 열악한 환경 속에서 그동안 아무런 사고 없이 원만하게 성취할 수 있었던 것은 부처님의 커다란 가피가 아닐 수 없다.

돌이켜보면 아직 수행력이 부족하고 덕화가 없어서 항상 아쉬운 점이 많았다. 그럴 때마다 "항상 자기 허물을 보고 남의 허물을 보지 말라." 는 『육조단경』의 가르침을 경책으로 삼았다. 아무리 억울하고 분한 일도 밝히려고 하지 말아야 회광반조가 되어서 수행으로 나아가게 된다. 모든 사람을 선지식으로 섬길 수 있는 마음도 여기에서 나오고 끝없는 하심으로 일체상이 녹아지기 때문이다.

수련회에 참석한 사람들은 복잡하고 시끄러운 경계를 떠나서 조용한 곳에서 마음을 가라앉히려고 한다. 이러한 생각이 수행의 출발점이 되기도 하지만 꼭 그렇지만은 않다. 선정과 지혜는 둘이 아니기 때문이다. 기억에 남는 재미있는 일화가 있다.

어느 보살님은 집안에 큰 우환이 생겨 집 근처 포교당에 나가서 반야심경을 사경하고 외웠다고 하였다.

몇 년을 빈틈없이 사경하고 외웠더니 가피력이 있어서 소원은 성취하였는데 친구들하고 노래방에 가면 자기도 모르게 반야심경이 나와서 재미가 없다고 하였다. 이것은 눈앞에 경계가 나타나면 두려운 나머지 반야심경으로 끊어버리고 고요한 마음을 공부로 삼았기 때문이다. 그것이 습이 되어 끝내는 천진한 성품을 가리게 되므로 무기공에 빠져 헤어나기가 어렵다.

지금 눈앞에서 벌어지고 있는 삶의 모습을 떠나서 다시 고요한 세계를 찾는다면 얻을 수 없기 때문에 오히려 경계를 피하려고 하지 말고 적극적으로 바라보아 내가 본래 부처이고 경계가 본래 공함을 요달해야 한다. 이렇게 되면 눈앞에 전개되는 일체 경계가 그대로 성품이 출현하는 것이므로 바로 확인만 하면 된다.

올 겨울 들어 가장 추운 날인가 보다. 방에 있어도 코끝이 맵다.

겨울 숲은 수척해 보여도 마음은 차가운 하늘처럼 투명하기만 하다.

낙엽은 바람을 타고 하늘로 오르고

황혼은 돌탑에 붉은 털목도리를 걸쳤네.

섬에 들어와서 선원을 열고 수련회를 이끌어가면서
고독하고 정진의 끈을 놓칠 때마다
치열했던 첫 안거 시절을 떠올리며 초발심으로 되돌아간다.

섬 이야기

서해안의 초라한 암자에 평생 숨어서 수행의 절개를 잃지 않은 이름 내지 않는 어느 노장님의 문안을 마치고 섬으로 가는 마지막 배에 올랐다.

하루해는 마치 푹 익어서 꼭지 빠지려는 홍시처럼 바다에 반쯤 몸을 적시고 섬들은 장엄한 낙조의 후광에 깊은 선정에 들은 노장님처럼 단정히 앉아 있다.

세상 인연이 다해 감을 짐작하고 한 달여의 단식으로 육신의 찌꺼기마저 깨끗하게 정화해 버려서 몸은 메말라 가죽만 남았지만 얼굴빛은 동자승의 모습으로 해맑아 보였으며 두려움 없는 눈빛이 생사에 걸림 없음을 보여주고 있었다.

선상에 불어오는 바람이 제법 싸늘해졌다.

십여 년 전 모든 것을 버리고 다시 출가한다는 마음으로 유배지에 온 사람처럼 비장한 각오로 이 섬에 들어오면서 처음 배를 탔을 때의 감회가 새롭다. 선방에서 정진하면서 경계에 부딪쳐 활로를 잃어 미지근하게 지내던

차에 선지식의 지시로 경계가 일시에 무너지고 나니 아까운 세월을 낭비했다는 생각에 참으로 억울하고 분한 마음으로 이 섬에 오는 배를 탔을 때는 본분사를 마치면 곧 나가겠다고 생각을 했는데 이렇게 귀향이 될 줄 몰랐다.

거금도居金島, 금인이 사는 섬으로 금인은 깨달은 사람으로 부처님을 상징하고 일찍이 보조 국사님께서도 이 섬에 암자를 세우고 정진을 하였으며, 한 때 프로레슬러로 온 국민의 영웅이었던 김일 선생의 고향이다.

인생이라는 고해에서 큰 파도가 휘몰아칠 때 불법을 만나야 하고 스스로가 난을 피하는 안전한 섬이 되어야 한다. 저 파도소리를 따라서 곧장 들어가면 소리는 없고 다만 들을 줄 아는 성품이 나타나는데 여기가, 누구나 가지고 있어서 세상의 만 가지 난을 피할 수 있는 안전한 섬이기 때문이다.

생사란 한 생각이 일어나고 사라지는 것을 말함이니 이러한 때를 당하여 용맹스럽게 화두를 챙겨야 한다. 화두는 한마디로 의심인데 의심이라는 마음의 작용을 통해서 순간순간 본래 완전한 성품을 드러내는 것으로 의심을 통해서 의심하는 놈을 회광반조 하는 의심이어서 일체 업력을 녹여 버리고 깨달음을 성취한다.

무저선無底船에 오르니 일체 생각의 흐름이 끊어지고 오로지 현전일념 뿐이다.

부처님께서는 깨닫고 보니 일체 중생이 나와 더불어 조금도 차별이 없는 원만한 지혜덕상을 누구나 갖추고 있다고 하였다. 선에서는 이것을 마음이 본래 부처라고 했으며 마음은 닦는 것이 아니며 다만 오염 시키지 말라고 했다. 이 말은 마조선의 핵심인데 듣고 깊은 믿음을 성취하면 큰 공덕이 되겠지만 닦아서 부처가 되려고 한다면 점점 멀어질 뿐이다.

항구에 등대 불빛이 차갑게 흔들리고 있다. 도착을 알리는 뱃고동 소리가 어둠 속으로 사라져 간다.

산을 넘고 물을 건너
이렇게 와서 보니
어젯밤 보름달이
갈대밭에 떨어졌네.

이 문에 들어오려면 알음알이의 신발을 벗어야 한다.

소슬바람에 일렁이는 숲

큰 파도가 일어난 것처럼 숲이 일렁거리고 있다.

산 벚나무가 봄에는 꽃으로 첫 소식을 전해주더니 지금은 소슬바람에 몸을 맡겨 거추장스런 옷을 모두 벗어버리고 오직 진실만을 드러내고 있다.

낙엽이 뿌리에 내리듯 고향에 내려온 사람들이 추석 명절을 맞아 차례를 마치고 절에 찾아와서 어렸을 적 추억을 더듬어 이야기를 나누는 모습에 어느덧 두고 온 고향이 그리워진다.

세속의 집을 떠난 사문에게 고향을 물어보면 실례가 되는 일인데 마을 사람들은 인사를 건네듯이 궁금해 한다.

동진 출가한 자식을 생각하며 눈물로써 세월을 보냈다는 돌아가신 부모님을 생각하면서 새벽 종성에 간절하게 실어 나무아미타불을 부른다. 지난 해는 불사 때문에 무리하게 일을 했더니 몸이 아파서 부모, 형제가 그립고 고향 산천 생각으로 눈물이 났다.

고향을 떠날 때는 금방이라도 공부를 마칠 것 같이 생각을 했지만 세월이 흐를수록 공부가 진전이 없거나 몸이 아플 때는 스님들도 옛 생각으로 끝없이 치달리게 된다. 그러나 한 생각을 다시 돌이켜 거슬러 올라가면 부모가 낳아주기 이전 본래면목이 나오는데 여기에 이르러서는 일체 생각과 경계가 공하여 흔적도 없다.

출가란 세상의 인정을 끊어버리고 몸과 마음을 한적한 곳에 두어 생각을 오롯이 하여 무릇 세상의 티끌을 벗어남인데 어찌 세상 인정을 그리워한단 말인가.

옛부터 큰 도인이 세상에 출현함은 성품을 한번 밑바닥까지 사무쳐서 한 티끌도 없는 바탕을 철견했기 때문이다.

경허 스님의 제자였던 수월 스님은 깨닫고 나서 만주에서 독립군 뒷바라지로 공부를 마무리 하였는데 참으로 인간적인 삶이었다. 스님의 남아있는 유일한 법문에는 부모로부터 받기 어려운 사람 몸을 받았으니 출가하여 도를 통하지 못하면 부모님께 효도를 못했으니 죄가 되고 부처님의 은혜를 등지게 되니 두 집에 죄를 짓게 된다고 하였다.

출가하여 도를 통하면 그 공덕으로 조상의 모든 영령들이 이고득락을 한다고 하시며 "한 집안에 천자가 네 명 나는 것보다도 도를 깨친 참 스님 한 명 나는 게 낫다."는 옛말이 있다고 하였다.

부모로부터 사람 몸을 받았기에 만나기 어려운 불법을 만났고 수행문에 들어서게 되었으니 참으로 그 은혜 헤아릴 수 없다. 금생에 이 몸을 제도하지 못하면 다시 어느 생을 기약할 수 있겠는가.

허허로운 바다 지나가는 여객선
앞마당에 서서 끝없이 따라가다가
수평선 너머 아득히 멀어지니
다시 선실로 돌아오네.

선불장

가을 가뭄을 해갈하는 단비가 푸른 바다를 지나가지만 일념도 없는 무심도인의 경계인 양 아무런 흔적이 없다.

바다가 저렇게 깊어진 것을 보면 백 천 강물을 받아들이되 아무런 조작이나 시비가 없어 늘거나 줄지도 않고 취사와 단멸상이 없으니 앞 물결이 뒤 물결을 방해하지도 않고 범성이 없어 일미의 한 맛으로 평등하기 때문이다.

중국의 방 거사는 단하 스님과 함께 서울로 과거를 보러 가는 길에 어느 행각승을 만나서 참으로 공부가 아까우니 부처를 뽑는 곳에 가보지 않겠느냐는 말을 듣고 집으로 돌아와 수만 수레에 달하는 재물을 상강의 물속에 던져버리고 하는 말이

"세상 사람들은 재물을 중요하게 여기지만 나는 순간의 고요함을 더 귀하게 여긴다. 재물은 사람의 마음을 산란하게 하지만 고요함은 진여의 성품을 드러낸다."고 하면서 석두 선사를 거쳐 바로 강서로 가서 마조 대사를

만나서 물었다.

"일체 존재와 상관하지 않는 자, 그것은 어떤 사람입니까?"

마조 스님은 그대가 서강의 물을 한 입에 다 마시고 나면 일러주겠다고 대답을 했는데 말 아래서 바로 깨닫고 오도송을 짓기를

"시방의 모든 납자들이 함께 모여서 저마다 함이 없는 도를 배우나니 이곳은 부처를 뽑는 도량이라. 마음이 공하여 급제하여 돌아간다."고 하였다.

조주 스님께서는 '그것은' 사람도 아니라고 했으니 필경 부처도 아닐 것이며 일체 이름이 끊어졌지만 이렇게 움직이고 글을 쓰고 있으니 없는 것도 아니다. 옛 선지식들은 오직 '그것' 하나를 위하여 산 넘고 물을 건너 난행 고행을 하였으며 목숨까지도 아낌없이 버렸다.

출가한 스님네들은 모두가 세상의 명예를 헌신짝처럼 던져 버리고 부처를 뽑는 도량에 들어온 사람들이다. 그래서 선방을 선불장이라고 하듯이 결제가 시작되면 서로 먼저 공문에 합격하기 위하여 졸음을 쫓으려고 저마다 몸부림을 치며 묵언과 함께 일종식으로 장좌불와를 하면서 용맹정진을 하기도 한다.

절집에 선거철이 다가왔는지 평소에 소식이 없었던 스님들이 안부를 물으며 부질없는 줄 알지만 부득이하게 출마하게 되었노라고 잘 부탁한다는 말을 한다.

세상사 한바탕 꿈인 줄 알고 부모 형제를 버리고 발심 출가하여 오로지

공문에 합격하여 부처가 되겠다고 들어온 사람들인데 혹시나 명예나 권력욕에 뜻이 있는 것은 아닌지 스스로 돌이켜 볼 일이다. 참으로 원력을 가진 보살행자라면 이와 사가 둘이 아니기 때문에 어디에서나 주인이 될 수 있겠지만 자기의 문중을 위해서 부처님 가르침에 위배되는 행동을 한다거나 세상 선거에서도 사라져가는 금품을 돌려서 시비나 조작으로 평상심을 잃어버린다면 가뜩이나 어려운 현실에서 많은 대중들을 실망시킬 것이다.

불법 문중에 한 법도 버릴 것이 없다고 했는데 모처럼 선거장에서 옛 도반 스님들도 만나고 탁마의 기회로 삼아서 경계를 점검하며 바로 그 자리에 문체 없는 도장을 찍어 저마다 공문에 합격하여 그림자 없는 땅으로 돌아갔으면 좋겠다.

독좌대웅봉獨座大雄峰

가을이 목까지 차올라 숨이 막힐 것 같아서 좌복을 떨치고 뒷산에 오른다. 빈 골짜기는 그윽하고 충만하여 마음길이 끊어졌고 꾸지뽕 열매 선홍빛 물감이 손가락에 번진다. 계곡을 따라 어름 밭에 이르니 너무 늦게 왔다는 듯 산 벚나무 따라 오른 줄기에 말라비틀어진 어름이 한 꾸러미 달려 있다.

숨죽이며 가만히 입에 넣었더니 달콤하고 향기로운 가을이 온통 몸속으로 퍼져간다. 나도 모르게 주체할 수 없는 웃음이 자꾸만 솟아올라 어느덧 단풍처럼 빨간 동심으로 돌아간다. 산꼭대기에 오르니 청잣빛 하늘이 손에 닿을 듯 하고 소리개가 빙빙 일원상을 그리며 독좌대웅봉獨座大雄峰의 소식을 전한다.

바다는 여름날 들뜬 기운을 차분하게 가라앉히고 섬들은 가부좌를 틀고 깊은 선정에 들었다. 하늘과 바다는 마치 도장을 찍은 듯 하나로 만나 안과 바깥이 한결같이 둥글어서 꿰맨 흔적이 없는 마음인 듯 그대로 본래면목을

밝음은 어둠으로 인한 밝음이요
어둠은 밝음으로 인한 어둠이니
밝고 어둠이 사라진 곳에
신령스런 마음달이 저 언덕을 비추네

드러내고 있다. 어느덧 두 주머니엔 알밤 같은 도토리가 가득하고 하루해는 황금빛 노을을 서쪽 하늘에 걸어놓고 서서히 바다에 빠지고 있다.

저녁노을이 오색 단풍처럼 물결 따라 흐르고 가을이 점점 깊어가고 있다.

등대와 불빛

새벽하늘엔 금방이라도 비가 쏟아질 듯이 먹구름이 덮여있고 천둥은 곱게 잠든 둥지를 습격 받은 꿩이 놀라서 갑자기 외마디 비명을 지르듯이 그렇게 울고 있다.

초저녁까지 밤바다를 수놓았던 배들은 모두 어둠을 끌어안고 깊은 잠속에 빠졌고 등대는 저 멀리 섬 꼭대기에 샛별처럼 홀로 깨어있어 길 잃은 마지막 한 중생마저 기다리는 불보살님의 마음인양 애처롭게 빛나고 있다.

오늘도 크고 작은 많은 배들이 먼 바다에 나가서 험한 파도와 거센 바람 속에서도 길을 잃지 않고 무사히 돌아오는 것은 오로지 등대의 불빛을 의지하여 더 이상 헤매이지 않기 때문이다.

세상은 갈수록 복잡하고 간단치가 않아서 수행의 방법도 다양하고 현대인들은 어느 것이 바르고 삿된 길인지 분간하기가 더욱 어렵게 되었다.

『육조단경』에서는 세상에 아무리 수행방법이 많아도 정혜등지가 되지 않으면 참다운 수행이 아니라고 하였다. 정과 혜는 마치 등과 불빛 같아서 등이 있으면 불빛이 있으나 등이 없으면 불빛이 없나니 등은 불빛의 몸이요, 불빛은 등의 작용이다. 이름은 비록 둘이나 몸은 본래 하나이니 정과 혜도 또한 이와 같다고 하였다. 여기에서 등은 등대라고 해도 상관이 없을 것이다.

얼마 전 평소에 알고 지내던 거사님이 조그만 항구도시에서 큰 목재상을 하면서 신심이 두터워 복지시설에 큰 보시를 행하고 스님들 수행을 위해서도 많은 뒷바라지를 하며 보살행을 실천하고 있는 현장을 방문하게 되었다.

거사님은 오전에는 사무실에서 지내고 오후에는 산에 가서 좌선을 하는 것으로 하루를 보낸다고 하면서 더 이상 만족하여 부족한 것이 없다고 했다. 점심 공양을 하고나서 둘러본 곳은 거사님이 태어난 바닷가 마을이었는데 그곳에 등대를 웅장하게 세우고 자작시 한 편을 짓고서 이름을 새기지 않았다. 왜 그랬냐고 했더니 "금강경에 이르기를 모든 장엄이 곧 장엄이 아니라 그 이름이 장엄이라고 해서 부질없다는 생각에 상을 내고 싶지 않았다."고 했다.

참으로 보살행을 실천하는 거사님이기에 겸손하게 배우고 싶다는 생각에 그렇다면 평소에 마음을 어떻게 장엄하고 있는지를 물었다. 사업을 하기 때문에 크고 작은 일이 없지 않아서 사실은 미운 사람은 보고 싶지가 않다고 속내를 털어놓으면서 그럴 때에는 호흡을 관찰하며 향 한 대를 피우면서 미운 마음을 태워 버린다고 하였다. 그러면 깊은 선정에 들어가게 되며 때로는 자기의 모습이 거울에 비친 것처럼 나타나서 더욱 신기하다고 했다. 그렇지만 깨어나고 보면 선정이 사라져 버리니 괴롭다고 했다.

보통 마음공부를 하는 사람들은 시끄러움이 오면 없애려고 선정으로써 다스리고 마음이 고요하면 다시 무기에 빠져 헤어나지 못하고 신통이나 구하고 있으니 선지식을 만나지 않으면 벗어날 기약이 없다.

이제부터는 어떠한 생각이 일어나더라도 곧 알아차리고 따라가거나 없애려고 하지 말고 바로 돌이켜 화두를 챙기라고 일러 주었더니 벌써 알아차리고 그렇게 실천해보니 부처님의 가르침과 화두 하는 법이 이렇게 좋다고 하면서 등대를 세운 것이 선정과 지혜를 등지 하라는 육조 스님의 가르침인 줄 어찌 알았겠느냐고 정진을 다짐하는 거사님의 모습이 아름답기만 하다.

겨울의 문턱을 알리는 비가 내리고 북산에는 눈꽃이 만발하여 남쪽 바다 섬 마을 등대불과 마주했음이니 더 없이 상서로운 조짐이 아닐 수 없다.

밝음은 어둠으로 인한 밝음이요
어둠은 밝음으로 인한 어둠이니
밝고 어둠이 사라진 곳에
신령스런 마음달이 저 언덕을 비추네.

향내 나는 죽음

하루해가 앞산을 지나가다가 아쉬운 듯 가지 몇 개 남아 붉게 타고 있는 단풍나무를 만나서 가던 길을 멈추고 잠시 주춤거리고 있다.

한때 무성했던 것들이 근원으로 돌아가는 시간, 요즘 오래된 인연들이 병고에 시달리고 생사를 달리하는 것을 보면서 다시 한 번 수행을 점검해 본다.

부처님께서는 태자시절에 사대문 나들이를 하면서 생로병사의 모습을 최초로 목격하고 큰 충격에 빠졌는데 무엇보다도 서문에서 상여가 나가는 것을 보고 사람은 태어나면 언젠가는 반드시 죽는다는 사실이었다.

어제는 정년퇴임을 한 달 앞두고 평소에 남모르게 선행을 실천했던 아름다운 어느 소방관의 안타까운 죽음이 있었다. 세상은 하루가 다르게 이렇게 무상을 설하고 있지만 모두가 남의 일일 뿐 자기 일이 되지 못하고 죽음에 임박해서는 허둥지둥 갈 길을 모르고 헤매게 된다.

더구나 얼짱, 몸짱이라 하여 몸에만 치우쳐 몸이 나고 죽는 줄로 알고 좋은 것만 골라 먹으면서 영원히 살려고 하고 조그만 고통이나 아픔을 견디지 못하여 삶을 쉽게 포기하는 일이 세계제일이라고 하니 참으로 부끄러운 일이다. 그러나 다행인 것은 요즈음 어떻게 하면 잘 죽느냐의 문제가 새로운 화두로 떠오르고 있다. 부처님과 역대조사가 생사가 둘이 아님을 분명하게 보여주었기 때문이다.

생사가 둘이 아님을 밝히기 위해서는 무엇보다도 발심이 되어야 한다. 몸에 대한 자각을 통하여 몸은 언젠가는 죽는다는 사실 앞에 갑자기 몸과 마음이 분리되어 보이는 것에 두려움과 공포심을 느끼고, 이 위기 앞에서 어떻게 하면 본래 하나인 세계를 체득할 수 있느냐의 문제이기 때문이다. 그래서 수행의 출발점은 죽음의 자각으로 시작해서 생사일여의 세계를 체득하고 생사를 마음대로 하는 것으로 끝나게 된다.

수행자가 생사의 기로에서 벗어나기 위해서는 간절히 화두를 챙겨야 하는데 발심이 되지 않으면 진흙 밭에 빠진 것처럼 참으로 어렵기 때문에 한없는 참회를 통해서 무상이 신속함을 뼈저리게 느껴야 한다. 죽음에 대한 두려움과 공포심은 쉽게 타협할 수 없는 공부의 원동력이 되기 때문이다.

그러나 선지식을 만나지 않으면 급한 마음에 몸은 무상한 것으로 보고 마음은 항상 하다는 생각에 묶여서 몸을 핍박하고 마음을 아트만처럼 실체가 있는 것으로 상정해 놓고, 죽음에 대한 두려움과 공포심이 일어날 때 상정해 놓은 마음속으로 피하여 끊어버리면, 참 성품이 드러나지 않는다. 또 아무리 오랜 세월을 보낼지라도 잠복된 죽음에 대한 두려움과 공포심에서 벗어날 수 없다.

얼마 전 참으로 향내 나는 죽음의 소식을 전해 들었다. 김일 선생을 모시던 보살님이 선생이 돌아가셨는데 너무나 편하게 가셨다고 하였다. 지난여름 불편한 노구를 이끌고 선원을 방문하여 수련생들을 격려해 주었을 때 암울했던 지난 시절 박치기 왕 김일 선수라는 화려했던 옷에 더 이상 집착하지 말고 이제부터는 삶을 하나씩 정리해 나가야 한다고 했더니 그간 잘 실천을 해서 너무나 편하게 가셨다고 한다. 선생에게 감명 깊게 들었던 이야기는 힘들고 험한 운동을 하면서도 보신한다는 핑계로 산 생명을 함부로 죽인 적이 없었다고 하면서 항상 부처님의 가피력에 감사한다고 하였다. 참으로 생명을 사랑하였기에 그처럼 편안한 임종을 보여 주었던 것 같다.

법성의 바다에 눈이 내린다

법성의 바다에 눈이 내린다. 달력은 눈이 그치고 나면 곧 떨어져 버릴 것 같은 마지막 잎새처럼 걸려 있다.

겨울 안거에 들어간 선방에서는 지금쯤 정진이 한참 무르익어가고 있을 것이다. 선사들은 하루해가 지고나면 오늘도 일대사를 마치지 못했다는 억울함에 두 다리 뻗고 울었다고 했다. 어느덧 세월은 무상하여 하루가 쌓이고 겹쳐서 섣달 그믐날이 닥쳐오는데 눈빛이 땅에 떨어질 때 돌아갈 곳이 분명한지 되돌아본다. 수행하는 사람은 한 생각이 일어날 때 바로 돌이켜 화두를 챙김으로써 회광반조가 되어 순간순간 자기 점검이 이루어진다.

작년에는 섬에서 보기 힘든 큰 눈이 내렸다. 장마처럼 계속되는 눈으로 혹시 지붕이 무너지지는 않을까 두려웠다. 섬들은 마치 하얀 연꽃처럼 솟아올랐고 햇빛에 녹아내리는 처마 끝 고드름과 낙숫물 소리는 난생 처음 들어보는 장엄한 합창이었다.

올해는 눈이 조금 내렸으면 좋겠는데 육지에는 또 폭설이 내린다니 걱정스럽다. 어느 젊은 농부가 폭설로 무너져 내리는 축사를 붙잡고 식구들끼리 하염없이 울었다는 탄식이 자꾸만 떠오른다.

돌이켜 보면 한 해를 무사히 넘긴다는 것이 해가 갈수록 어렵다는 생각이 든다. 자연은 인간의 욕망 앞에서 질서를 잃어버렸고 이제 그 과보를 받고 있는 것이다. 세상은 갈수록 양극화 되어가고 계층 간 갈등의 골이 깊어지고 있다. 요즈음에는 절 집안에도 이런 못된 풍조가 들어와서 옛날 노스님들이 보여주었던 훈훈한 기운이 점점 사라져가니 안타깝다. 때로는 불공을 한다는 핑계로 신도들에게 욕망을 조장하고 있지는 않은지 자괴감이 들기도 한다. 인간의 욕망이 도대체 어디까지 가야 그칠지 브레이크가 터져버린 자동차처럼 두렵기만 하다.

부처님께서는 끝없이 욕망을 절제하고 다스림으로써 마음의 평화에 행복과 부의 기준을 세웠다. 돈과 경제의 수치만으로 인간의 행복과 부를 평가할 수는 없다.

미래 학자 엘빈 토플러는 그의 저서 『부의 미래』에서 시간과 공간, 지식 세 가지가 미래의 부를 좌우하는 결정적 요인이라고 했다.

또한 오늘의 지식이 내일은 쓰레기가 되는 혁명적 속도의 시대가 왔다고 하였다.

지금 눈앞에 다가서는 대상과 부딪치는 문제에 과거의 축적된 지식과 정보가 사실이 아니거나 대상 자체가 너무 빠르게 변하기 때문에 아무런 도움이 안 된다는 것이다. 여기에 심각한 고민이 있다.

모든 것이 변한다는 사실만이 변함없는 진리라고 설파하신 부처님의 가르침이 실감난다. 하지만 이러한 뛰어난 가르침에도 불구하고 승가집단의 의식과 제도가 따라가지 못한다면 세상을 선도할 수가 없을 것이다. 기술의 계발은 앞서지만 사회제도가 따라가지 못하는 세상과 다를 바가 없기 때문이다.

선에서는 이 문에 들어오려면 일체의 지식과 정보를 버리라고 했다. 지식으로는 대상이나 깨달음을 설명할 수는 있지만 깨달음 자체는 아니기 때문이다.

눈이 돌담에 쌓여 용머리를 틀었고 어김없이 그 자리에 내리고 있다. 견공 문수는 좋아라 이리 뛰고 저리 달린다.

눈은 바다에 빠져 흔적이 없고
白蓮으로 피어오르는 섬
하나, 둘, 셋.

사람이 본래 부처

처마 끝 풍경이 첫 새벽으로 깨어 어둠을 토해내더니
빗살무늬처럼 펼쳐진 참나무 숲 사이로 여명이 밝아온다.

저 허공은 묵은해니 새해니 분별이 없고 인연을 따라서 어둠과 밝음을 맞이할 뿐 아무런 변함이 없다. 사람들이 해맞이를 떠나는 것은 잃어버린 마음의 고향으로 돌아가고 싶은 본능일 것이다.

올해는 600백 년 만에 돌아오는 황금 돼지해라고 벌써부터 들떠있다. 무엇보다도 반가운 것은 복덩이를 바라는 사람들이 많아서 출산율이 높아질 것이라고 한다. 돼지는 신통력이 있어서 삼국사기에 보면 예언자 구실을 하기도 했는데 나라의 큰일을 앞두고 누구를 점지해서 행운을 가져다줄지 모두의 관심거리다.

해맞이를 나온 사람들의 한결같은 소망은 가족이 건강하고 화목하며 먹고 사는 문제가 해결되고 일자리가 늘어나서 계층 간의 갈등이 해결되기를 바라는 소박한 것이다.

만나는 사람들이 생각보다는 우리 사회의 갈등이 심각하다는 걱정을 많이 한다. 갈등의 원인을 가만히 들여다보면 밖에 있는 것 같아도 근본적으로 자기한테 있다. 역사적으로 보나 현실 속에서도 성공하는 사람들의 생각과 습관은 남을 탓하지 않고 우선 먼저 자기를 되돌아보고 처절하게 구조 조정을 한 사람들이다.

경에서는 삼계는 오직 마음뿐이라고 했다(三界有心). 마음이 어지럽게 일어나면 경계가 요란하고 일체 경계가 망령된 마음에서 비롯됨을 깨달으면 눈앞에 펼쳐진 시방세계가 그대로 성품의 지혜라고 했다.

사람들은 누구나 새해를 맞이하여 바라는 희망을 가지고 있지만 사람이 곧 희망이고 복을 가져다준다는 사실은 망각하고 뭔가 특별한 데서 구한다.

『화엄경』에서는 '사람이 행복의 터전이다. 평화와 행복이 사람으로부터 나오기 때문이다(人是福田, 能生一切善法故).' 라고 했다. 이렇게 간단명료하게 사람과 사람 사이를 정의한 사람은 부처님 뿐이다.

부처님께서는 깨닫고 보니 사람마다 가지고 있는 지혜덕상이 여래와 조금도 모자람이 없이 원만하다는 것을 알고 가지가지 방편으로 열어 보여 주시고 깨달음에 들어가게 하였다. 사람이 본래 부처임을 수기하여 주신 것으로 참으로 위대한 발견이 아닐 수 없다.

삶이 때로는 절망적이고 때로는 기쁨인 것은 사람 때문이다. 사람마다

가지고 있는 본래 완전한 부처님을 보는 지혜를 기른다면 그 사람이 때로는 나를 헐뜯고 죽이려고 해도 한 생각을 돌이켜보고 시간이 지나면 다시 용서하고 불쌍하게 볼 수 있는 자비심이 생길 것이다. 이것만이 내가 행복하고 이웃이 평화롭게 공존할 수 있는 유일한 대안이기 때문이다. 부처님께서는 여러 번 자신을 살해하려고 했던 제바달다를 스승으로 모셨다.

사람이 꽃보다 아름답다는 말이 참으로 눈물 나게 하는 것은 이를 두고 하는 말일 것이다. 새해에는 주위의 어려운 이웃들에게 따뜻한 말 한마디 건네고 손을 잡아주는 것으로 시작하자.

새 해가 떠오르니
주인 잃은 나룻배
덩실덩실 춤을 추고
산꼭대기에는
파도가 넘실거린다.

사람들은 자기가 본래 부처임을 믿지 못하고
오히려 선지식을 비방하고 밖으로 부처를 찾아 나선다.
첫 시작이 한참 잘못된 것인줄도 모른채 …….

시작이 전부다

새해 벽두의 항구엔 크고 작은 배들이 출항을 위해 준비가 한창이다.

마침 섬이 움직이는 것처럼 큰 배 한 척이 서서히 닻을 올리더니 힘차게 바닷물을 가르면서 미끄러져 나아간다.

시작이란 이처럼 크고 작음을 떠나서 누구에게나 성스럽고 거룩한 몸짓이다. 그래서 세상에서는 시작이 반이라고 했는지 모른다.

경에서는 처음 보리심을 발할 때 바로 정각을 이룬다고 했다(初發心時 便正覺). 시작이 전부인 셈이다. 세간과 출세간의 차이는 곧 여기에 있다.

불법 문중에는 크게 두 부류의 사람들이 있는데 하나는 끝없이 복덕을 쌓고 번뇌를 끊는 것으로 공부를 삼아서 선정을 이루어 언젠가는 부처가 되겠다는 사람들이고 다른 하나는 나의 성품이 부처의 성품과 아무런 차이가 없다는 것을 분명하게 믿고 순간순간 수행불행을 닦는 사람들이다. 위와 같이 두 문은 점수와 돈오로써 처음 공부를 시작함에 있어서 참으로 중요하다. 첫 걸음을 어느 곳으로 옮기느냐에 따라서 나중에는 하늘과 땅처럼 벌어지기 때문이다. 발심 출가하여 세상의 집을 나설 때는 금방이라도 깨달음을 얻을 것 같아서 난행고행으로 수행의 공력을 들였지만 얻어진 소득은 적고 다시 방황하는 것은 첫 걸음이 잘못 되었기 때문이다.

마치 눈덩이가 어느 방향으로 구르느냐에 따라서 몸집이 불어나는 눈덩이의 양은 가속적으로 증폭되고 걷잡을 수 없는 것과 같아서 유위법과 무위법이 서로 차별이 있기 때문이다.

『법화경』「상불경 보살품」에서 상불경보살은 만나는 사람마다 절을 하면서 찬탄하기를 "나는 그대들을 가벼이 여기지 않습니다. 그대들은 다 부처님이 될 것이기 때문입니다."라고 하였다. 하지만 많은 사람들이 믿지 않고 성을 내면서 몽둥이로 때리거나 기와나 돌을 던지면서 욕설을 퍼부었으나 한결같이 물러서지 않고 똑같은 말로 예배하고 찬탄하였다.

사람들은 자기가 본래 부처임을 믿지 못하고 오히려 선지식을 비방하고 밖으로 부처를 찾아 나선다. 첫 시작이 한참 잘못된 것이다.

마음은 색깔로 표현하면 황금색이다. 그래서 법당의 부처님은 금색 옷을 입었고 깨달은 사람한테서 나오는 오로라도 황금색이라고 한다.

똥돼지를 황금돼지로 바꾸어 쓰는 것은 각자의 마음에 달려있다. 새해에는 서로가 부처임을 인정하고 찬탄하자. 이것이야 말로 진정한 시작이기 때문이다.

소한 추위가 며칠째 기승을 부리고 있다. 어느 시인은 추위가 깊어지면 봄 또한 멀지 않으리라고 노래했다. 두 손을 호호 불어보고 두 발을 동동 굴려보자. 추위가 금방 달아나고 흔적도 없을 것이다. 이것이 코끝을 찌르는 봄소식이다.

아침, 저녁 노을이 함께 비치는
산봉우리처럼 처음도 끝도
한결같은 초발심으로

운전삼매 車禪一如

겨울 가뭄을 해소하는 단비가 촉촉이 내렸다. 비가 그치고 나니 아침 일찍 아랫마을에 사는 노 보살님이 찾아왔다.

한동안 안부가 뜸해서 궁금했는데 무척이나 반가워서 무슨 일이냐고 물어 보았더니 요즈음 잠이 오지 않아서 괴로우니 잠 잘 자는 부적을 하나 써 달라고 했다.

사연을 들어보니 도시에 사는 아들네 집에 갔다가 나들이를 다녀오는 길에 횡단보도에서 갑자기 사고가 나서 크게 놀란 뒤로 잠이 오지 않는다고 했다. 다행히 부처님의 가피로 많이 다치지는 않았다고 했다. 잠이 오지 않을 때는 오히려 잠을 자려고 하면 머리만 아프고 괴로우니 관세음보살을 부르다가 잠이 오면 그냥 쓰러져서 자라고 부적 대신 일러 주었다.

섬에서는 차가 신발이나 다름이 없다. 하루에 버스가 몇 번 없으니 놓치고 나면 택시비가 비싸서 낭패다. 그래서 대중교통이 편리한 도시보다 더 차가 필요한지 모른다.

섬에서도 크고 작은 교통사고가 일어나지만 어쩌다 도시에서 놀러온 사람들이 기분을 내다가 대형 사고를 낼 때도 있어서 큰 문제가 되기도 한다. 처음 차와 인연이 된 것은 미국에 있는 송광사 포교당에서 소임을 살 때였다. 그 곳에서는 섬처럼 차가 신발과 같아서 운전을 못하면 불편하기 짝이 없었다.

지금 생각해도 부끄러운 마음에 얼굴이 붉어지는 것은 운전면허 시험을 보면서 흑인 면접관에게 한국 스님인데 잘 봐달라고 부탁을 했던 것이다. 그러나 면접관은 한국 사람들은 운전습관이 거칠어서 십 년을 운전해도 여기에서는 떨어지는 사람이 많다고 하면서 냉정하였다. 하지만 덕분에 배워온 안전운행 습관이 더없이 좋은 것 같다.

흔히들 마음이 불안할 때는 운전을 어떻게 하느냐고 묻는다. 시골 사람들은 밤늦은 고갯길이나 비오는 날 밤길이 무섭다고 한다. 그럴 때에는 불보살님 명호를 부르거나 불경 테이프를 틀면서 불안한 마음을 내려놓으라고 한다. 그리고 불자라면 누구나 오계 가운데 하나인 불음주계를 반드시 지켜야 하며 졸음운전 역시 큰 사고의 원인이 된다고 환기를 시켜준다.

가끔 운전하면서 수행을 어떻게 하느냐고 물어오는 사람이 있다. 차에 오를 때는 우선 먼저 마음이 부처라고 확실하게 믿는 데서부터 출발하게 되고 운전할 때는 주인공이 운전하는 데 있으므로 다른 데서 찾으면 안 된다. 다음은 자기 근기에 맞는 수행방편을 선택해서 보조 스님의 『수심결』에서 말하고 있는 정혜쌍수가 반드시 이루어져야 한다. 이러한 확신이 서지 않으면 괜히 수행한다고 하면서 세상에도 적응을 잘하지 못하고 수행에도 진전이 없어서 아까운 세월만 낭비하게 된다.

옛부터 석공들은 돌을 쪼아서 부처님을 조성한다고 하지 않고 돌 속에서 부처님을 꺼낸다고 했다. 마음속에 어둡고 차가운 기운만 물러나면 언제나 밝고 화사한 봄일 것이다. 머지않아 봄을 찾아서 꽃구경 간다고 산으로 들로 달려갈 텐데 안전운행을 해야 한다. 시골에 사는 부모님들의 첫째가는 기도가 안전운행임을 명심하여 무엇보다도 이번 설 명절 귀성길과 귀경길에 더욱 발밑을 살펴야 할 것이다.

일주문

정월 초하루는 사랑하는 가족들이 모여서 경건하게 조상님께 차례를 지내고 한마음 한뜻으로 더욱 화목을 다짐하면서 일주문을 세우는 날이다.

만 가지 생각이 하나에서 그치고 나면 세상에서 만나는 사람과 물건마다 문이어서 그날부터 새해가 열린다.

큰 절에 가면 처음 만나는 문이 일주문이다.

천 년 세월을 변함없이 그 자리에 서 있는 송광사 일주문, 소멧돌 양쪽에는 사자의 석상이 있는데 한 쪽은 선정의 모습이고 한 쪽은 지혜의 모습이다.

선정과 지혜가 하나가 되어야 마음의 문이 열리기 때문이다.

일주문을 지나고 나면 천왕문이 나오는데 동서남북 사방을 지키는 호법신장으로 왕방울 눈을 부라리며 조금이라도 삿된 생각이 남아 있으면 이 문을 통과하지 못하도록 사천왕이 지키고 있다.

세상에서도 큰 뜻을 이루려면 사무사思無邪라고 했듯이 깨달음으로 들어가려면 자기를 속이면 안 되기 때문이다.

천왕문을 통과하면 대웅전이 나온다.

가운데 어간문으로는 어른스님들이 출입하고 양쪽 옆으로 스님과 신도들이 출입을 한다.

부처님이란 역사적으로 석가모니 부처님이 있고 과거칠불이 있으며 법신, 보신, 화신불이 있는데 석가모니불은 화신불로서 근원은 법신불이다.

우리가 예불을 하는 것은 선각자이신 부처님의 가르침을 배우고 감사하는 뜻이 있으며 부처님처럼 정각을 이루고자 하는 다짐이다. 하기에 불상이 무슨 길흉화복을 주는 줄 알고 아무런 실천 없이 맹목적인 예불이 되서는 안 될 것이다. 부처님의 영험이라는 것도 끝없는 자기 부정을 통해서 이웃들에게 자비심을 실천함으로써 나타는 결과이다.

삼천 배를 한다거나 매일 108배를 실천하는 것은 자기 다짐과 비워내는 작업이기에 이것 또한 큰 영험이 있을 것이다. 다만 이기심이 아니라 자비심을 발해야 한다.

부처님께 촛불을 켜는 것은 마음을 밝히는 데 있고 향을 태우는 것도 마음의 향을 드러내라는 뜻이다. 공양을 올리는 것도 세상의 음식은 한 끼 거르면 배가 고프지만 진리의 양식은 한 번 먹으면 영원히 기갈이 사라지기 때문이다.

이렇게 예불하고 공양을 올리면서 다만 이 마음을 드러내고 알아차려서 예불하는 사람과 불상이 둘이 아닐 때 참다운 예불이고 공양이 된다.

하지만 어쩌랴. 무슨 말인지 어렵다고 한다면 법화경에서는 심지어 부처님을 비방하는 사람들까지라도 그 인연으로 성불한다고 했으니 부지런히 부처님 전에 나아가서 공양을 올리고 참회하면서 다짐하고 자비심을 실천해야 할 것이다. 결국에는 둘이 아님을 알 수 있기 때문이다.

대웅전 뒤에 선방으로 오르는 마지막 문이 나오는데 불이문이다.

부처와 중생, 남자와 여자, 일체 차별이 없어서 마지막 하나라는 생각마저 없어져야 통과하는 문이다. 그래서 무념문이라고도 한다.

썰물의 바다에는 먼저 나온 마을 사람들이
몽실몽실한 갯바위에 붙어있는 연두색 해초를 따며
서로 정담을 나누면서 겨우내 움츠렸던 기운을 털어내고
바다와 소통을 하고 있다.

소통의 바다

남녘 바다엔 어느덧 바람결이 훈훈하다.
오늘은 참 좋은 바람이라서 좌복을 밀치고 바닷가 포행을 나섰다.

파도 머리마다 앉아있는 부처님 몽돌 밭에 내리어 묘음으로 구르고 갈매기는 저녁노을 속으로 사라져 간다. 썰물의 바다에는 먼저 나온 마을 사람들이 몽실몽실한 갯바위에 붙어있는 연두색 해초를 따며 서로 정담을 나누면서 겨우내 움츠렸던 기운을 털어내고 바다와 소통을 하고 있다.

자연과 함께 살아가는 사람들은 이렇게 계절의 변화를 알고 거스름 없이 순응하며 살아간다. 노 보살님들은 세상살이가 힘들고 버거워도 전생에 지은 죄 때문이라고 부처님 전에 참회하며 남을 탓하지 않는다. 그저 주문처럼 불보살님 명호를 부르며 의지하면서 인고의 세월을 살아왔기에 얼굴에서 잘 익은 과일처럼 향기가 난다.

그러나 지금 세상은 소통의 부재 속에서 서로의 주장만이 옳다고 하면서 한 치의 양보도 없이 숨 막히는 대결 속에서 살아가고 있다. 만약 서로 대화하고 타협 없이 더 이상 양극의 대립 속에 머물러 소통이 없다면 결코 행복한 미래는 오지 않을 것이다.

『법화경』「신해품」에서는 궁자의 비유를 통해서 부처님께서 중생을 사랑하는 것을 마치 친자식처럼 생각하며 여러 가지 방편으로 삼승을 설했으나 끝내는 일승으로 회통시키고 있다. 나와 우리만이 전부이고 생각이 다른 사람들은 남으로 규정하여 설득하고 대화를 거부하는 사람들이 어떻게 해야 하는지를 부처님께서는 여실하게 가르쳐 주고 있다.

마음이 부처라고 분명하게 믿고 깨달으면 사람마다 부처이니 조금 생각이 다르고 하는 일이 다르다고 다툴 것이 무엇이며 수행방편이 서로 다르다고 우열을 내세울 것도 없을 것이다. 부처님께서는 처음 정각을 성취하고 나서 깨달은 바를 설할 것인지 몇 번이나 망설였다. 아무도 이해할 사람도 없고 설한다고 해도 소통이 어려울 것이라고 생각을 하여 그대로 열반에 들어가려고 했다. 하지만 범천의 거듭된 간청으로 다시 마음을 돌이켜 처음 『화엄경』을 설했는데 사람뿐만 아니라 두두물물 삼라만상이 그대로 부처라고 했다. 그러나 아무도 알아듣지 못했지만 끝까지 포기하지 않고 가지가지 방편으로 설법하여 결국에는 깨달음으로 인도하였다. 어쩌면 팔만대장경은 부처님과 중생들의 소통의 기록이라고 해도 될 것이며 이 시대를 살아가는 나침판이 될 것이다.

바야흐로 세계는 지구촌이 되었고 하나의 시장에서 만나고 있으며 모든 것은 변하고 있다. 서로가 통하지 않는다고 무시하거나 외면하지 말고 사람마다 가지고 있는 부처님을 본다면 종교와 인종의 차별에서 벗어나 누구나 세계의 주인이 될 것이다.

법의 성품은 둥글고 원만하여 두 가지 모양이 없고 양변을 벗어났으니 바다는 백 천 강물을 받아들이지만 아무런 상이 없어 일미의 한 맛으로 회통 시키고 있다.

산봉우리를 휘어 감는 저 구름과 장독대에 내리는 눈이 본래 하나의 바다임을 알아챈다면 더 이상 시비는 끊어질 것이다. 법은 통하여 흐르는 것이다.

한 방울의 물에서 바다를 보고

한 번 찍어 먹어보면 짠 맛인 줄 안다.

파도소리를 타고 들어가라

무심한 봄바람은 차별이 없어서 온갖 꽃을 피우고 새싹을 불러낸다.
지구촌 끝까지 훈훈한 봄바람이 불어서
세계일화의 꽃이 활짝 피기를 발원해 본다.

봄소식

뜰 앞에는 매화가 마침내 진한 향기를 토하고 있다.
모진 추위를 이겨내고 한바탕 사무친 정진 끝에 찾아온 봄소식에 더욱 환희롭기만 하다.

이제 동안거 해제가 시작되면 제방선원에서는 만행을 떠날 것이다.

『만선동귀집』에서는 이理와 사事가 서로 의지해야 걸림이 없어 나와 남을 이롭게 할 수 있으며 동체대비가 원만해져서 다함없는 만행을 성취할 수 있다고 했다. 수행의 목적은 실상의 이치를 증득하여 널리 중생들을 위해서 보살행을 실천해야 하기 때문이다.

보통 사람들은 일상사에 집착하여 일마다 텅 비어 실체가 없음을 보지 못하고 안일하게 수행하는 사람들은 텅 비어 고요한 이치에만 머물러 세상의 아픔을 멀리하고 걸림 없는 보살행을 일으키려고 하지 않는다. 참으로 눈앞에서 벌어지고 있는 일상사 그대로가 이치로 인하여 드러난 세계이며 또한 실상의 지극한 이치는 일상사로 인해서 나타나지만 모양을 떠나지 않음을 깨달으면 중도의 세계가 훤칠하게 드러난다.

선이 일하는 속에서 실천되었던 것은 가만히 앉아 있는 좌선에 집착하여 고요함을 지키면 이기심으로 인해서 자비심이 일어나지 않아 활달한 경계를 수용할 수 없었기 때문에 일을 통해서 이치를 파악함으로써 살아 움직이게 했던 것이다.

간화선의 생명은 본래 부처임을 믿어 활발한 삶의 현장에서 일어나는 한 생각을 바로 살아있는 활구 의정으로 돌이켜 일과 하나 되는 작업이기 때문이다. 그러나 많은 대중들은 고요히 앉아 있는 것으로 공부를 삼아 깨달음을 기다리거나 일어나는 번뇌를 없애려고 시끄러운 장소와 일을 떠나서 해탈을 구하려고 한다.

처음에 단박 이치를 밝힌 사람도 다시 일마다 걸림 없는 이치를 드러내야 하며 평등한 이치가 드러나게 되면 모든 부처님께 공양하고 기도하는 것이 기복에 치우치지 않고 지혜를 겸하게 되어 중도가 드러나게 된다. 승가의 화합을 깨뜨리는 것은 어느 한 쪽에 치우쳐서 서로 무시하는 변견 때문이다. 불사문중에는 한 법도 버릴 것이 없어서 모두가 지극한 이치로 통하여 중도를 드러내는 일이기 때문이다.

한 철 동안 고요한 곳에서 안거에 들었던 것은 끝없이 출렁이는 파도가 결국에는 물이듯 시끄러운 세상사 그대로가 실상의 나툼인 줄 여실하게 보아 더욱 발심하여 동체대비를 실천하는 데 있을 것이다. 수행을 통해서 얻어진 무소득의 공덕이 결국 돌아가야 하는 곳은 일체중생들을 부처님으로 섬기는 보현행원의 실천이기 때문이다. 세상은 치우친 생각으로 끝없이 대립과 갈등 속에서 양극의 편 가르기가 계속되고 있다. 특히 새 정부의 출범으로 새로운 희망이 싹트고 있지만 생명의 물길을 손대는 대운하 건설 공약은 경제적 수치만 생각하여 많은 생명들을 파괴하는 일이어서 벌써부터 우려의 목소리가 높다. 사람이 산다는 것이 결코 단순한 경제 문제가 아니라 대자연의 은혜가 함께 한다는 사실을 알아서 함부로 생명의 물길을 건드리지 말아야 할 것이다.

빈 텃밭에는 새들이 내려와 부드러운 햇살을 쪼고 있다.

이름 모를 허브

화창한 봄날 파도소리 숨 그친 바다는 더 없이 한가로워 보인다.

점심공양을 마치고 관음상 앞에서 포행을 하는데 입 안에서는 아직 향기가 번져 나온다. 머위, 씀바귀, 나물에 쑥국을 한 그릇 먹고 이름 모를 허브차를 마셨더니 아직 여운이 가시지 않고 향기가 묻어나오고 있다.

지난여름 고구마 밭에서 유난히 코를 찌르는 사람 키만 한 풀을 발견했는데 향기가 너무 좋아서 혹시 자생하는 허브가 아닌가 하는 생각을 했다.

하지만 한편으로는 독초일지 모른다는 생각에 그냥 지나쳤는데 보름 전에 밭에 냉이를 캐러 갔더니 겨우내 모진 해풍과 눈비 속에서도 그 향기를 잃어버리지 않고 아직도 밭에 서 있어서 채취하여 우려내 보았더니 맛이 부드럽고 그 향기가 그칠 줄을 모른다.

수행한다는 사람들도 조금한 고행을 참지 못하고 포기하고 물러나는 판인데 유난히도 추웠던 지난겨울인데도 진한 향기 날려버리지 않고 품고서 시절인연을 기다리느라 얼마나 힘들었을까. 이름 모를 허브차에 환희심이 일어난다.

더구나 불사한다고 삼 년 가까이 너무나 무리하게 울력을 해서 햇빛에 피부를 노출시켜 작년 일 년 가까이 밖에 나갈 때 마스크를 벗지 못했는데 이름 모를 허브차를 마셨더니 피부가 소년처럼 매끄럽고 속도 편안해졌다.

혹시 이름이라도 지어볼까 해서 보름 가까이 식물도감도 찾아보고 여기 저기 뒤져봐도 이름도 성도 알 수가 없다.

마음이라고 해도 맞지 않고 부처라고 해도 맞지 않고
한 물건도 아니고 이뭣고도 아니며
일체 모양과 이름을 떠난 것이
향기는 어찌나 진한지 그냥
화창한 봄날 바다는 꿈을 꾸는데
꽃은 흘러도 물은 흐르지 않는다고 해두자.

자비방생

하늘에는 위풍당당하게 바람을 가르던 소리개가 어느덧 자취를 감추고 바다는 뿌연 안개 속에 흔적이 없다. 올 들어 가장 강한 황사가 불어오는 것을 보니 다가오는 봄이 결코 화사롭게 오지만은 않을 전망이다.

『숫타니파타』에서는 "그들을 내 몸과 바꾸어 비교해 보아라. 산 생명을 죽여서는 안 된다. 또 남을 시켜 죽이게 해서도 안 된다."고 했다. 생명의 존귀함과 일체 생명의 평등함을 갈파한 위대한 부처님 말씀이다. 지구 온난화로 인한 대륙의 사막화가 갈수록 심해진다고 한다. 남녘 바다 모퉁이에서 조차 황사 때문에 안심하고 숨을 쉴 수 없다는 생각에 모든 국토와 생명이 연기 속에 존재한다는 사실이 실감난다.

정초 기도가 끝나고 절마다 자비심을 실천하는 방생법회가 열리고 있다. 옛날에 스님들이 행각할 때 석장을 짚고 다니거나 절에서 목욕하고 빨래하는 날이 정해졌던 것은 눈에 보이지 않는 미물까지 배려하는 자비심의 발로였을 것이다. 요즈음은 어류 방생에 머무르지 않고 소외되고 병든 이웃과 함께 외국인 근로자를 돕고 사랑의 장기기증 운동을 통하여 보다 적극적인 인간 방생을 실천하고 있다. 모든 생명을 죽이지 말라는 불살생계는 불자들이 지켜야 하는 제일가는 덕목이다. 오래 살려고 여기저기 다니면서 많은 살생을 하여 몸에 좋은 것만 골라 먹는 것은 오히려 수명을 단축시키는 어리석은 일이다. 탐진치貪瞋痴 삼독으로 인한 스트레스가 생명을 단축시키는 주범이라고 하니 보다 적극적인 인간방생을 실천하여 삶의 보람을 찾아야 건강하게 오래 사는 복락을 누릴 것이다. 자비심의 실천이야말로 건강하게 오래 사는 웰다잉(well-dying)의 지름길이라는 사실이 많은 실험을 통해서 증명되고 있다.

그동안 도량신중 역할을 톡톡히 해주었던 진돗개 보리가 인연을 달리 하였다. 마치 오랜 도반을 잃은 듯이 허전하다. 다음 생에는 수행자의 인연으로 거듭나기를 발원하며 돌탑을 쌓았다. 인간을 위해서 한 해에 천만 마리의 동물이 각종 실험용으로 쓰이다가 죽는다고 한다. 그 가운데 쥐가 팔백만 마리라고 하니 무자년을 맞이하여 쥐의 고마움을 알아야 한다. 사실은 끝없는 윤회의 흐름 속에서 내 가족 아닌 것들이 없었을 것이다. 사람의 생명을 지탱하는 것이 이렇게 뭇 생명들의 은혜라고 생각하면 참으로 참회하는 마음으로 자비심을 내어 방생을 실천해야 한다.

중국의 연지 대사는 최소한의 방편으로 살생해서는 안 되는 날로 자기 생일이나 자식을 낳았을 때와 결혼하고 제사 지내는 날에는 살생을 하지 말라고 했다. 왜냐하면 모든 생명은 억울하게 죽음을 당하면 그 원한을 갚으려고 하여 과보를 면하기가 어렵기 때문이다. 시내에 있는 절에서 조류방생을 오겠다고 답사를 하고 갔다. 지혜와 자비는 새의 두 날개와 같아서 지혜를 모르는 자비는 인간의 사사로운 정과 애착을 벗어나지 못한다.

일체 강물이 마침내 바다에 이르면 한 맛을 이루듯이 모든 생명은 존귀하고 평등해서 본래 부처라는 사실을 깨달아야 한다. 이러한 지혜를 방생을 통한 자비심으로 거듭 드러내야 할 것이다. 새들은 어느 한 가지에 오래 머무르지 않듯이 끝없이 향상하려는 조도鳥道의 길이 모든 생명의 본질이다. 해탈이야 말로 진정한 자유이기 때문이다.

문 밖을 나서면 통하는 길

뒤뜰에 매화꽃 향기가 산들 바람에 실려서 선실로 들어온다.

얼마 전에는 읍내에 나갔다가 차가 갑자기 멈추는 바람에 큰 사고가 날 뻔했다. 십여 년 굴린 차라서 변속기가 파열된 것이다. 이런 경계는 처음 당했지만 차분하게 대처하면서 공부를 점검하는 좋은 계기가 되었다.

차는 여러 가지 부품의 조합이라고 했다. 하나 둘 해체하고 나면 무엇일까? 텅 빈 충만으로 되돌아간다. 이것을 공이라고 하며 부품들만 가지고는 차라고 할 수가 없으니 여러 인연들이 모여야 비로소 차가 된다. 그래서 연기 즉 공이요, 공 즉 연기이다. 앞으로 몇 년이나 더 탈 수가 있겠느냐고 물으니 알 수 없다고 했다. 선문답이었다. 모든 것은 변하는 것이고 정해진 것은 없다는 소리였다.

정비사들은 날마다 조립하고 해체하는 것이 밥 먹고 하는 일이다. 참으로 신비로운 조화옹들이었다. 남의 차는 마음대로 하는데 모양이 없는 자기 차는 어떻게 운전하는지 궁금했다. 몸뚱아리를 굴릴 줄 아는 놈을 정신차리지 않으면 대낮에도 앞 사람 이마에 코가 깨지고 아니면 코를 베어가도 모르든지 둘 중 하나일 것이다.

수행하는 사람은 마음이 부처라는 대신심이 성취되었는지 항상 점검을 해서 마음을 밖으로 찾아 나서면 안 되듯이 자동차도 출발하기 전에 반드시 점검을 해야 한다.

이것저것 점검을 하고 나서 함께 몸 상태도 점검하다 보면 보고 듣고 살피는 경계 가운데 분명하게 나타나는 한 물건이 있다.

"이것이 무엇인가."

화두 하는 사람은 목전에 현전하는 이것을 의심해서 화두를 챙겨야지 화두를 따로 챙기게 되면 활구가 되지 못해서 운전과 수행이 하나 되지 못하고 운전하면서는 오히려 방해가 된다고 생각을 해서 공부를 쉽게 포기해 버린다. 염불하는 사람도 마찬가지일 것이다.

운전할 때는 주인공이 운전하는 데 있기 때문에 이놈이 졸거나 망상을 피우면 바로 알아서 염불을 하면 운전과 하나 되는데 운전 따로, 염불 따로 하면 무기력해져서 쉽게 졸음이 온다. 염불로써 망상을 끊어버리면 집중의 효과는 조금 있어도 다시 졸음에 빠지게 된다.

이럴 때에는 휴게소에 내려서 찬물로 세수를 하고 나서 몸을 이리저리 흔들어 주면 움직이는 곳마다 마음이 나타나니 다시 생생하게 살아있는 이것을 붙잡고 나아가야 한다. 다시 차에 오르면 운전하는 데 금방 주인공이 나타난다. 그래서 화두 하는 사람은 의심을 간단없이 할 수가 있어서 좋고 염불하는 사람은 염불과 운전이 하나 되는 운전삼매를 이루게 되어 몸도 어느덧 가볍게 된다. 초심자들은 처음 운전이 쉽지 않았지만 자꾸 하다 보니까 몸에 배었듯이 공부도 항상 챙기면 점차로 쉬워진다.

운전자가 도로 사정에 따라서 속도를 조절하듯이 정과 혜를 쌍수 해야 한다. 지혜가 지나치면 과속을 하는 것과 같고 너무 느리게 운전을 하면 정에 치우쳐서 무기에 빠지게 된다. 선에서는 이것을 정혜쌍수라고 하고 천태에서는 지관겸수라고 하며 위빠사나에서는 아나빠나와 위빠사나가 하나로 이루어진 것과 같다. 다만 간화선에서는 정과 혜를 차제를 두지 않고 『육조단경』에서 말하듯이 정혜등지가 바로 이루어지게 되어 여래지에 들어가는 지름길인 것이 차이가 있다. 정혜등지가 바로 화두이기 때문이다.

산들산들 봄바람을 따라서 포행 하듯이 드라이브를 하면서 공부를 챙기고 모처럼 친한 친구라도 만나면 좋은 찻집에 가서 차라도 한 잔 하면서 공부 이야기를 나누어 보라. 차를 마시고 차를 운전하는 것이 본래 둘이 아님을 깨달을 것이다.

보름달

밤사이 비가 내렸다.

유실수 묘목을 심으려고 읍내에 나왔는데 장날이 아니라서 그런지 묘목 장수가 보이지 않는다.

보름을 새려고 부럼 좀 사고 점심을 뭘 먹을까 고민해 본다.

좋아하는 자장면을 먹고 싶은데 싱겁고 맛있게 잘하는 집은 교인이라서 그런지 갈 때마다 반갑지 않는 눈치여서 용기를 내지 못하고 김밥 집에 들렀더니 상냥하고 반갑게 인사를 한다. 조금은 뚱뚱하고 인상 좋은 아주머니가 즉석에서 김밥을 말고 있어서 더욱 맛있게 보인다.

두 줄을 시켰는데 과연 맛이 있었다. 그래서 옆 테이블 아저씨가 남기고 간 김밥이 버려질 것 같아 몇 조각마저 달라고 해서 먹고 나니 기분이 넉넉해서 좋았다.

오랜만에 나라도 가는 길로 드라이브 정진을 하기로 했다.

작년 가을에 만났던 들꽃 씨를 받을까 싶어서 여기저기 살피면서 가는데 뒤차들이 위험하게 쫓아온다. 어디가나 사람들은 속도 경쟁 속에서 살아간다.

오늘처럼 넉넉한 날은 마음의 속도를 줄이고 봄이 어디쯤 오고 있는지 살피면서 여유를 즐기고 싶다.

들꽃은 이미 씨를 날리고 빈 대만 서 있었지만 반가운 아재비를 만난 것처럼 기뻤다. 돌아오는 길에 다시 비가 내린다. 내일 모레까지 비가 온다고 하니 보름달은 보기 어렵겠다.

어젯밤 달이 달을 보다가
그만 졸음에 빠졌다.

부처님께서는 오직 자기를 안전한 섬으로 삼고
법을 등대로 삼으라고 자등명 법등명을 가르쳐 주었다.
속도경쟁의 숨막히는 일상에서 탈출하여 왠지 그 섬에 가보고 싶은 것은
누구나 피안을 꿈꾸고 있다는 증거일 것이다.

느림의 공덕

관음상 앞에 수선화가 병아리 부리처럼 노란 꽃대를 살포시 내밀었다.

올해는 한 달 가량 봄이 빠르다고 해도 왠지 달갑지가 않았는데 갑자기 강풍과 함께 꽃샘추위가 찾아왔다. 이러한 변덕스런 날씨는 지구 온난화 현상으로 지난겨울 세계 곳곳에서 많은 사람들이 희생되었고 올봄에는 최악의 황사까지 예상된다고 하니 걱정스럽다. 이와 같은 급속한 기후변화의 원인은 이산화탄소와 같은 온실가스의 증가 때문이며 이 부분의 개선 없이는 파국을 면하기 어렵다고 환경 전문가들은 경고하고 있다.

더구나 이러한 지구 온난화로 인한 인류 대재앙에 대처하기 위하여 남은 시간이 많지 않다고 하니 참으로 두렵기만 하다. 외국 사람들은 한국을 상징하는 말을 물으면 '빨리 빨리' 라고 대답을 하는 것을 들었다. 이것을 보면 그동안 얼마나 정신없이 살아왔는지 알 수가 있다.

우리가 이렇게 빨리 달리게 되었던 것은 산업화를 통하여 빨리 가난에서 탈출하려는 욕구 때문이었을 것이다. 이러한 결과로 먹고 사는 것은 풍족해졌으나 자연이 파괴되고 심성마저 황폐해져서 자살율 세계 제일이라는 부끄러운 단면을 가지게 되었다.

삶이 난파선처럼 심하게 흔들리고 브레이크가 터져버린 자동차처럼 끝없이 달려갈 때 어떻게 하면 안전하게 멈출 수 있을까 한번 돌이켜 살펴야 할 것이다.

『육조단경』에서는 대법으로 중도에 이르는 길을 설하고 있다. 빠름으로 인한 병폐는 느림을 실천함으로써 극복되어 중도로 통하기 때문이다. 바루공양을 통해서 천천히 먹으면서 한 생각 흐름을 관찰하고 오후 불식을 통해서 배고픔에서 오는 감각과 비움으로 인한 행복을 알아차리는 것은 출가수행자들의 덕목이다. 천천히 걸으면서 발바닥에서 일어나는 느낌을 극대화하여 한 생각 틈을 엿보아 회광반조로써 순간 부처성품을 낚아챈다면 빠르고 느림이 본래 하나인 세계를 체달할 것이다.

영가 현각 선사가 육조 스님을 찾아와서 무상이 신속하다고 하니

"어찌하여 남이 없음을 체달하여 신속한 무상이 없음을 알지 못하느냐."

고 하자

"체달한 즉 남이 없고, 요달한 즉 본래로 빠름이 없습니다."

라고 대답하여 인가를 받았다.

우리의 존재실상은 느림과 빠름이 하나로 만나고 있기 때문이다. 느림은 등불과 같아서 선정이며 빠름은 빛과 같아서 지혜이다. 그러므로 느림 속

에서 빠름을 보고 빠름 속에서 느림을 보는 중도의 실천 없이는 범부의 일상이 한 쪽에 치우치는 병폐를 벗어나기가 어렵다.

아나로그의 세계는 인정과 따뜻함이 있지만 속도가 느려서 불편함이 있고 디지털의 세계는 빠르고 효율적이지만 고요하고 평화로움이 없다. 그래서 이어령 선생은 디지로그라는 신조어로써 중도의 세계를 설명하고 있다. 인터넷 세상은 메마른 속도의 세계이다. 그러나 창에 나타나는 그림은 끝없이 흘러가더라도 마우스를 움직이는 주인공을 놓치지 않는다면 화엄삼매를 이룰 것이다.

육지에서 섬으로 가는 길목에서 만나는 풍경은 배를 기다리는 사람들이다. 저마다 급하게 달려왔던 마음의 속도를 멈추고 회광반조 하는 기다림이 있어야 갈 수가 있기 때문이다. 부처님께서는 오직 자기를 안전한 섬으로 삼고 법을 등대로 삼으라고 자등명 법등명을 가르쳐 주었다.

속도경쟁의 숨 막히는 일상에서 탈출하여 왠지 그 섬에 가보고 싶은 것은 누구나 피안을 꿈꾸고 있다는 증거일 것이다.

한 걸음 옮기지 않으면
여기가 바로 저기다.

일과 수행은 둘이 아니다

숲은 물이 오르고 움트는 소리로 수런거리고 있다.

비가 그치고 나니 왠지 마음이 바빠진다. 텃밭에 상추씨도 뿌리고 감자도 심었다. 돌탑 밑에 수줍은 듯 다소곳하게 피어난 제비꽃을 보면서 나도 모르게 반가워서 이름을 불러준다.

요즈음 청년들이 마땅한 일자리가 없어서 놀고 있는 사람들이 많다고 한다. 한참 일을 해야 할 나이에 놀고 있는 현실이 안타깝지만 자신을 낮추고 주위를 둘러보면 할 수 있는 일이 있을 것이다.

지혜로운 사람은 끝없이 실력을 가다듬고 세상과 소통하며 때가 오면 바로 일을 시작할 수 있는 준비를 하는 사람이다.

옛날에 비단을 팔아서 하루하루를 살아가는 청년이 있었는데 하루는 대관령 고개를 넘어가다가 한 노스님을 만나게 되었다. 청년은 덕화에 끌려서 뒤를 따라 오대산 동대 관음암으로 출가를 하게 되었는데 노스님은 청년의 간청으로 제자를 삼으면서 무엇이든지 시키는 대로 해야 된다는 다짐을 받아 두었다. 그리고 다음 날부터 부엌에 있는 커다란 가마솥을 옮겨서 거는 일을 지시하였다. 청년은 몇 번이나 시키는 대로 솥을 다시 걸고 깔끔하게 마무리까지 잘했다고 생각을 했지만 노스님은 몇 번이고 무너뜨리면서 다시 걸라고 화까지 내는 것이었다. 하지만 청년은 묵묵히 노스님의 지시를 따를 뿐 아무런 불평도 한마디 없었다. 마침내 노스님은 청년의 굳은 인욕과 하심을 인정하며 솥을 아홉 번 고쳐 걸었다는 뜻으로 '구정' 이라는 법명을 내리고 제자로 받아 들였는데 뒷날 수행하여 크게 명성을 떨친 구정 선사가 되었다.

세상은 끝없이 변하기 때문에 고정되고 안정된 일자리가 점점 줄어들 것이라고 한다. 새로운 일을 찾는 것이 쉽지 않고 그만큼 자기 계발이 필요하다는 것이다.

참으로 자기를 버리는 구정 선사와 같은 하심과 인욕이 없으면 자기 구제는 커녕 가족들의 생계를 보장하기가 어려울 것이다. 일을 한다는 것은 행복이다. 일 속에서 일체감을 느끼기 때문이다. 더구나 수행으로 연결할 수 있다면 일의 좋고 나쁨도 없을 것이고 하루의 피로함도 잊을 것이다. 그래서 선가에서는 노동을 수행으로 삼고 하루 일하지 않으면 하루 먹지 않는다는 백장청규가 나오게 되었다.

처음 출가한 행자시절에는 일로써 수행을 삼아 세상의 업력을 녹인다. 하지만 아직 수행의 방법을 잘 모르기 때문에 힘으로 기운을 빼든지 일에 마음을 놓쳐버리기 십상이다. 지금 하고있는 일에 만족하지 못하고 불평불만 하는 사람이 많을 것이다. 옛날 잘나가던 시절을 떠올리면서 체면을 생각한다면 자신은 물론 가족들을 지킬 수가 없다. 그래서 인욕과 하심의 일 수행이 필요하다. 일하면서 몸과 마음을 살피면 온전히 일과 하나가 되고 마음은 점점 안정이 되면서 일이 몸에 달라붙어서 더욱 숙련이 될 것이며 일삼매를 성취할 수가 있을 것이다. 일과 수행이 둘이 아니기 때문이다.

쇠가 용광로에서 단련되어 나오듯이 사람도 힘든 일 속에서 더욱 성숙되고 수행의 깊이도 묻어나서 들꽃처럼 깊은 향기가 난다.

일에서 일을 떠나고
마음에서 마음을 떠난다.

무심한 바람은 차별이 없다

산에는 벚꽃이 점점 꼭대기로 다투어 오르고 연못에는 날아온 꽃잎이 한가롭게 흐르고 있다. 섬에서는 일년 중 이맘때가 가장 바쁘다. 바다와 들에서는 양파와 물미역 출하가 한창이다. 올봄에는 비가 자주 와서 그만큼 더 힘들고 바쁜데 시세가 좋지 않아서 걱정이 많다.

한 · 미간에 자유무역협정 체결을 놓고 시작된 줄다리기가 더 이상 우리 농촌만은 개방해서는 안 된다고 하여 성난 농심은 그칠 줄을 모른다. 사실상 협상이 타결되었지만 앞으로 검증과 비준 과정이 더욱 험난할 것이라는 전망이다. 바쁜 와중에 급한 볼일이 있어서 항구에서 배를 기다렸지만 만선이라서 타지 못하고 다시 다른 쪽 항구로 달려와서 겨우 배에 올랐다.

섬에서 육지로 나가는 길은 두 갈래가 있다. 형편에 따라서 서로 다른 길을 선택하면 되지만 밤에는 선택의 여지가 없어서 제 3의 길이 필요한 셈이다.

부처님께서 정각을 이루고 나서 녹야원으로 달려가서 처음으로 다섯 명의 고행승 앞에서 깨달은 내용을 설법하였는데 이것을 초전법륜이라고 한다.

"비구들이여, 출가한 사람은 두 가지 극단의 길을 가서는 안 된다. 그 첫 번째 극단은 관능이 이끄는 대로 욕망의 쾌락에 빠지는 것인데 이것은 천하고 저속하며 어리석고 무익한 것이다. 그리고 두 번째 극단은 바로 너희들처럼 자신을 괴롭히는 것으로 수행을 삼는 것인데 이것은 괴롭기만 할 뿐 천하고 무익한 것은 마찬가지이다. 비구들이여, 여래도 한 때는 그와 같은 잘못을 저질렀다. 그러나 양극단을 버리고 중도를 깨달았다. 그 중도에 의하여 통찰할 수 있는 능력과 인식을 얻게 되었고 그로부터 적멸의 열반에 이르렀다."

세계는 지금 새로운 시장 질서를 만들기 위해서 바쁘고 선점을 노리는 강대국들과의 싸움이 치열하다. 과거 냉전의 질서는 막을 내린지 오래 되었지만 아직도 그 여파가 남아있는 한반도에서는 그동안 위기였던 형국을 다시 기회로 바꿀 수 있는 좋은 시절인연이 오는 것 같다. 양극단의 길을 떨쳐버리고 함께 잘 사는 길이 어서 왔으면 좋겠다. 올해는 나라의 대통령을 뽑는 큰 행사가 있어서 벌써부터 이합집산 하여 시끄럽지만 산업화와 민주화 세력들이 양극단의 대립에서 벗어나 서로 화합하여 남북을 통합하고 자연환경까지도 하나임을 깨달아서 부처님의 가르침인 중도를 실천해야 할 것이다.

부처님께서는 실천 덕목으로 여덟 가지 바른 길을 제시해 놓았는데 이것이 팔정도이다. 모든 것이 바름으로 통하면 너와 남이 없고 남과 북이 사라져서 중도의 세계가 나타나지만 무늬만 중도를 표방하고 실천이 없다면 웃음꾼들의 말처럼 긴 것도 같고 아닌 것도 같아서 비웃음을 사고 말 것이다.

중도의 세계는 한마디로 승가의 덕목인 화합이다. 승가는 세상에 한 발 앞서서 먼저 화합하는 모습을 보여 주어야 할 것이다.

섬에서는 지금 섬과 육지를 잇는 연육교 공사가 한창이다. 이제 양극단을 떠나서 너와 내가 우리가 되고 남과 북을 이어서 서로 화합하는 평화의 지름길이 되었으면 좋겠다.

무심한 봄바람은 차별이 없어서 온갖 꽃을 피우고 새싹을 불러낸다. 지구촌 끝까지 훈훈한 봄바람이 불어서 세계일화의 꽃이 활짝 피기를 발원해 본다.

승복을 지어 주시던 어머니

바닷가 갈대밭에는 새들의 둥지처럼 모체 사이로 어린 갈잎이 자라고 있다. 바람은 죽어서도 자식을 못 잊어 그리워하는 부모님의 손길인양 갈잎을 흔들고 지나간다.

육조 혜능 스님은 홀어머니를 봉양하기 위하여 땔나무를 해다가 시장에 팔았는데 어느 날 객점에 이르러 홀연히 금강경 읽는 소리에 마음이 열렸다.

일찍이 동진으로 출가하여 부처님의 가르침을 따르는 대중들이 숲처럼 모여서 정진하는 총림에서 행자생활을 익혔다. 은사스님께서는 철없이 장난을 치다가 놀면서 일이 벌어지면 눈물이 쏙 빠지게 나무랐다. 그러면 은사스님 방에 들어가기가 겁나 노스님들께 찾아가서 숨겨놓은 옛날 큰스님들의 구수한 수행 이야기를 들으며 외로운 마음을 달래곤 했다. 구산 방장스님은 법력과 덕화로 대중을 화합시켰으며 수행가풍은 엄하였으나 항상 대중 울력에는 손수 빗자루를 들고 모범을 보이시는 목우가풍의 선장이었다. 모든 갈등이 여기에서 녹아져서 시비가 끊어지고 총림의 대중들은 울창한 숲처럼 저마다 화합하고 정진하여 불조의 혜명을 잇고자 노력하였다.

세상이 아무리 변해도 변함없는 가치는 어른을 섬기고 받드는 효가 근본이다. 수행의 장애를 극복하고 깨달음을 성취하는 것은 효하는 마음과 같은 정성이 없으면 어렵기 때문이다. 나를 낳아 주고 길러 주며 가르쳐 주신 부모님과 스승의 은혜를 생각하면 함부로 몸을 놀릴 수가 없어서 계율을 갖추게 되어 일단 마음의 안정이 이루어진다.

세월이 갈수록 이 몸을 낳아 주신 부모님의 은혜와 머리를 깎아 주신 스승의 은혜가 아니었으면 백천만겁에 어떻게 만나기 어려운 불법을 만날 수 있었겠는가 하는 감사의 마음이 소록소록 샘솟는다. 또 이것이 해태심을 물리치는 원동력이 되곤 한다. 효가 살아있는 문중은 번성하고 사형사제들이 의리가 있으며 화합을 잘한다. 요즈음 갈수록 훈훈했던 절집안의 미풍양속이 사라져가는 것이 세상인심과 비례하는 것 같아서 왠지 씁쓸하기만 하다. 얼마 전에 세계를 깜짝 놀라게 했던 총기사건도 이러한 여파라고 생각하면 변함없는 가치인 효를 등한시 하고 언어 교육을 핑계로 유학이라는 외로운 섬으로 보내기만 하니 자녀들의 인성교육은 어떻게 할 것인지 걱정스럽기만 하다.

요즈음 다국적 기업에서는 인재를 뽑을 때 며칠 간 합숙을 시키면서 다양한 문화와 가치에 어떻게 적응하는지 그 사람의 인성을 먼저 본다고 한다. 불자들은 사찰마다 활성화 되어 실시하는 수련회에 어린 자녀들을 참여 시켜서 전통 속에서 새로운 질서에 적응할 수 있는 지혜를 가르쳐 주면 좋을 듯하다.

석가모니의 후신이라고 일컬었던 조선시대의 고승 진묵 대사는 어머니를 절 아랫마을에 모시고 극진히 효도를 다했다.

어머니가 돌아가시고 나서 제문을 지었는데 "열 달 동안 태중의 은혜를 무엇으로 갚으리오. 슬하에서 삼 년 동안 길러주신 은혜 잊을 수가 없습니다. 만 세 위에 다시 만 세를 더 하여도 자식의 마음에는 부족한데, 백 년 생애에 백 년도 채우지 못했으니 어머니의 수명은 어찌 그리 짧습니까. 표주박을 들고 노상에서 걸식하는 이 중은 이미 말할 것이 없거니와 비녀를 꽂고 아직 출가하지 못한 누이동생이 어찌 슬프지 않겠습니까. 상단불공과 하단의 제가 끝나니 스님들은 각기 방으로 돌아가고 앞산, 뒷산만 첩첩한데 어머니의 영혼은 어디로 가셨습니까. 아! 슬프기만 합니다!"

참으로 깨달음을 성취한 도인의 인간적인 마음에 눈물이 나올 것만 같다.

요즈음 한평생 자식들을 위해서 헌신하신 부모님들이 너무 외롭고 쓸쓸한 것 같다. 효도하려고 철이 들었을 때는 이미 안 계신다는 옛말이 실감이 난다. 어린 나이에 절집에 보내놓고 눈물로 세월을 보냈다는 어머니가 불교방송을 들어보니 부처님 가르침이 그렇게 좋은 줄 몰랐다고 하시면서 승복을 지어 주시던 때가 엊그제처럼 떠오른다.

다함이 없는 등불 無盡燈

항구에는 배들이 먼 바다에서 돌아와 고달픈 하루의 여정을 마치고 깊은 잠에 빠져있고 두 눈을 감아도 또렷이 밝아 다함이 없는 등불 하나 오롯이 빛나고 있다.

산과 바다는 어느덧 초록의 동색으로 만나 부처님 오심을 찬탄하고 꽃과 새들은 저마다 향기와 고운 목소리로 공양을 올리고 있다. 바다 건너 섬에도 연등이 걸리고 항구에는 봉축을 알리는 현수막이 바람에 정겹게 나부끼고 있다.

부처님 오신 날이 바쁜 농사철과 맞물려 있어서 잠시 일손을 놓고 절에 올라와서 연등을 밝히는 모습은 참으로 소박하고 아름답다. 노 보살님들의 지극한 정성과 기원은 부처님께 정성으로 등불공양을 올린 '난다' 라는 가난한 여인의 등과 같기 때문이다.

부처님께서는 탄생게에서 "하늘 위와 하늘 아래에서 오직 내가 존귀하다." 라고 했다. 모든 생명이 서로 평등하고 차별이 없어 본래 부처임을 선언한 진리의 등불을 밝혀주신 것이다.

위와 같은 인연으로 오신 부처님께서는 모든 중생들의 따뜻한 어버이가 되고 지혜로운 스승이 되어 불지견을 열어서 보이고 깨달아 거기에 들어가도록 자비로써 인도하여 주셨다. 불지견이란 일승을 말하는 것으로 마음이 본래 부처임을 밝히는 것을 말한다. 원효 스님 말씀처럼 부처님은 오직 일승만을 설했지만 중생들이 자기 깜량만큼 받아들이기 때문에 삼승이 벌어진 것이다.

모든 것은 홀로 존재할 수 없으며 서로 어울리고 관계 속에서 살아간다. 이것은 깨달음의 핵심 내용인 연기법의 원리이다. 오늘날 점차로 국경이 무너지고 하나의 시장에서 다양한 종교와 인종이 만나 화합을 이루어야 하는 새로운 세계질서 속에서 꼭 필요한 참으로 위대한 사상이 아닐 수 없다. 동과 서가 하나 되고 남과 북이 서로 어우러져서 화광동진 하는 연꽃의 세상을 만드는 것은 이제 불자들의 몫인 것이다. 그러기 위해서는 처음도 좋고 중간도 좋으며 끝도 좋은 꽃과 열매가 하나로 만나는 중도를 실천해야만 한다.

연꽃이 더러운 흙탕물 속에서 향기로운 꽃을 피우듯이 모든 생명들은 겉모습과 이름은 달라도 연꽃같이 아름다운 본래 부처를 잉태하고 있다. 우리가 초파일을 맞이하여 연등을 만들면서 손가락에 물이 들어도 마냥 신나고 좋은 것은 이와 같은 깊은 뜻이 있기 때문이다. 그러므로 연등에 불을 켜는 순간 마음에도 불을 밝혀야 할 것이다. 상불경보살처럼 모든 생명들을 부처님처럼 받들고 공경하며 살아가자. 이것이 진정으로 부처님이 이 땅에 오신 뜻이기 때문이다.

뱃길은 끊어져 파도소리 더욱 고요하고 어둠은 점점 깊어만 가는데 앞마당에 나와 저 멀리 작은 섬에서 빛나는 다섯 개의 등불을 헤아려 본다.

집집마다 계신 부처님들께 평화로운 밤이 되시기를 두 손 모아 축원 드린다.

찬탄

하늘의 태양은 뜨고 짐이 본래 없듯이

부처님은 나고 죽음이 없다.

다만 구름이 인연을 따라서 일어나고 사라지듯

생사를 보여서 중생을 교화하기 위해서

오고 감을 보일 뿐이다.

펼쳐보면 일상생활에서 나타나지 않는 곳이 없고

거두어들이면 흔적도 없지만

누가 부르면 바로 대답하며 나타나고

새들은 노래하고 물은 흘러간다.

어제는 초파일 불공하느라 하루 종일 염불을 했다.

말사 암자에 살 때는 적어도 닷새는 꼬박 해야 한다. 법당도 작지만 사람들이 오는 대로 불공을 올리고 바쁜 농사일에 가도록 배려를 해야 하기 때문이다. 또한 축원도 두 번을 불러주면 좋아하고 세 번을 불러주면 "아따 불공 한번 시원하게 잘했다."고 더 좋아한다. 섬에서는 일 년 중에 세 번 절에 오는데 모처럼 절에 와서 가지고 온 양초와 향을 켜고 싶어 하기 때문에 서로 켜려고 경쟁을 한다. 부처님께 가까이 다가가려는 어머니들의 소박한 불심인 것이다.

처음에는 이런 것이 참불공의 뜻이 아니라고 싸우면서 고쳐보려고 했지만 고쳐지지가 않았다. 그래서 수련회 중심의 도량을 마련한 것이다. 이제 지나고 보니 순수하고 소박한 불심이 오히려 그립다. 그래서 그런지 어제는 종일 염불을 해도 목이 쉬지 않고 목이 터져서 밤에도 터진 목소리로 화엄경 약찬게를 여러 번 독송을 했다.

처음에는 염불 청이 육자배기 가락이라고 하면서 흥이 난다고 해서 쑥스러웠는데 이제 염불곡조가 잡혔다고 한다. 염불을 하면 환희심이 난다. 부처님의 공덕을 찬탄하고 소리 소리마다 부처님이 오시어 나투기 때문이다.

다시마 말리기

섬에는 지금 작년 가을에 씨앗을 뿌려서 자란 다시마를 건져 올려서 햇볕에 말리는 작업이 한창이다. 올해는 더디 자랐는지 장마가 오기 전에 작업을 마쳐야 하기에 더욱 눈 코 뜰새 없이 바쁜 모습이다.

자기가 뿌린 씨앗은 자기가 거두어 말려야 한다. 무시이래로 지어온 무명의 습기로 인하여 사람들은 저마다 괴로워하고 있다.

한 생각 업력의 기운이 발동하면 바로 알아차려서 따라가지 말고 돌이키면 태양보다 더 밝은 지혜 광명이 나타난다. 태양은 바다 속 깊은 곳은 비추지 못하지만 마음의 광명은 시간과 공간을 초월하여 지어온 무명의 습기를 말려 버린다. 장마철에 스님들이 일체 출입을 자재하고 안거에 드는 것은 습기에 물들지 않고 지혜 광명을 드러내어 무명을 밝히는 작업이다.

해마다 장마철을 무사히 보낸다는 것이 쉬운 일이 아닌 것 같다. 미리 단속하고 대비하지 않으면 마음에 틈이 생겨서 번뇌가 샐지 모르기 때문에 단단히 준비해서 생사업해의 큰물에 떠내려가지 않도록 해야 할 것이다.

섬에는 지금 작년 가을에 씨앗을 뿌려서 자란 다시마를
건져 올려서 햇볕에 말리는 작업이 한창이다.

지붕이 성글면 비가 새고 마음에 틈이 생기면 번뇌가 들어온다.

지혜로운 사람은 번뇌의 흐름을 따라가지 않고 항상 돌이켜서 마음의 광명을 드러낸다.

강물은 어느덧 바다에 이르고

비가 그치고 나니 도량은 초록의 합창으로 가득하고 강물은 어느덧 바다에 이르러 흐름이 끊어져 적멸에 들었다.

제방 선원은 지금쯤 정진의 열기로 달아오를 것이다. 봉암사에서 기라성 같은 구참 스님들을 모시고 다각 소임으로 첫 안거를 지내던 때가 엊그제처럼 떠오른다. 지금 첫 철을 나는 스님들의 눈빛은 일진일퇴의 검객처럼 날카로워서 털끝만큼의 번뇌도 용납하지 않고 한여름의 태양처럼 이글거리고 있을 것이다. 공부의 묘는 일어났다 사라지는 번뇌는 손님인 줄 알아서 맞이해서 보내면 주인공인 아는 것은 사라지지 않고 뚜렷하게 남는데 이때를 착안하여 바로 '이것이 무엇인가' 화두에 의정을 일으켜야 한다.

안거와 더불어 매실차를 담갔다. 지난겨울 모진 추위를 견디고 코끝을 찌르던 매화가 속 찬 열매로 잘 여물었다. 티끌 같은 세상을 벗어나는 것이 보통일은 아니어서 한바탕 화두를 들고 일대사를 치러야 한다. 세상사에서 부딪치는 일들은 오히려 향기를 기르는 좋은 벗이며 향기 속에는 바로 열매를 감추고 있어서 시절인연이 도래하면 바다처럼 초록의 광명을 나툰다. 한 번 크게 죽어 깨달음의 빛을 얻었다면 빛을 감추고 일체경계로 활발하게 살아서 다시 나와야만 한다. 매실이 다시 곰삭아서 향기로운 매실차가 되어야 하듯이 덕과 지혜를 겸비하여 일체 중생의 목마름을 해갈해 주어야 하기 때문이다.

마조 스님의 제자인 대매 법상 스님은 마음이 바로 부처라는 말에 깨닫고 깊은 산중으로 들어가서 초암을 짓고 살았다. 어느 날 마조 스님은 제자의 공부를 시험해 보고자 사람을 보내어 요즈음은 마음도 아니고 부처도 아니라고 법을 설한다고 전했다. 이에 대매 법상은 그 노장이 뭐라고 하든지 나는 마음이 부처일 뿐이라고 했다. 이에 마조 스님은 매실이 익을 대로 익었다고 인가를 해주었다.

마음은 일체 이름을 벗어났다. 마음은 한계를 지어 놓으면 온전한 마음이 아니어서 마치 살아있는 생물에 자갈을 물린 것과 같다. 바다에서 갓 낚아 올린 성질이 급한 물고기가 물을 벗어나면 곧 죽어버리듯 마음도 이와 같아서 마음이라는 이름을 붙이는 순간 마음이 아니다. 사람은 물고기가 한 번도 물을 벗어난 적이 없듯이 마음을 벗어난 적이 없지만 잃어버린 줄 알고 헤매고 찾아 나선다. 하지만 깨달으면 미망이었음을 안다.

마치 경에서 연야달다 라는 사람이 자기 머리가 없어졌다고 사람들에게 묻고 찾아 헤매다가 갑자기 한 번 부딪치는 바람에 머리를 확인하고 구하는 마음을 쉬어버린 것과 같다. 수행이란 이런 과정인 줄 모르고 상을 부린다면 자기 얼굴에 분뇨를 바르는 것과 같아서 부끄러운 줄 알고 항상 하심을 하고 마음을 덕스럽게 써야 할 것이다.

부처님 제자들은 승속을 막론하고 함께 모여서 욕망의 흐름을 끊고 안거에 들어야 한다. 지금 자기가 서 있는 곳을 도량으로 삼고 일속에서 선정에 들어야 한다. 일하면서 일일 점검이 이루어지기 때문이다. 기후 변화의 재앙을 경고했던 마드리드 모임이 얼마 전에 다시 열렸다고 한다. 욕망을 절제하지 않고 조절하지 않으면 기후 변화의 재앙으로 수행환경이 파괴되어 숲이 사라지면 스님들이 안거에 들어갈 수 없을지 모른다.

올해는 장마가 빨리 오고 날씨가 변덕스러울 것이라고 하니 단단히 준비를 해야겠다. 바다에는 한바탕 굵은 소나기가 지나가고 흔적이 없다.

아름다운 동행

하루해는 앞산을 넘어가다가 그만 아쉬운 듯 붉은 노을 한 편 걸어놓고 서천으로 가고 있다.

새들이 보금자리를 찾아가고 나니 사방은 어둠이 내리고 앞마당에는 장엄한 파도소리가 듣는 성품을 만나서 빈 골짜기에 메아리처럼 머물다 흔적 없이 사라져간다.

법당에는 오래된 인연의 노 거사님과 보살님이 방문을 해서 병고를 벗어나고자 관세음보살을 부르는 간절한 기도소리가 파도소리와 겹치고 있다. 참으로 아름다운 동행이다. 부부의 인연으로 만나서 서로가 성격 차이가 많아 힘들었지만 부처님 법을 만나 수행하는 마음으로 인내하면서 병들어 힘든 시간을 함께하고 있기 때문이다. 금생에 마지막 여행이 될지도 모른다는 소리에 그만 눈시울이 붉어진다.

인간이 아름다운 것은 병들고 힘들 때 함께할 수 있는 인연이 있다는 것이다. 세상에 사는 사람이라면 훈훈한 인간미라도 있어야 성숙된 사랑이 이루어질 것이지만 불법의 인연은 여기에서 그치지 않고 살아서 맺은 인연들과 맺은 감정들을 부처님 법에 의지하여 풀고 회향할 수 있게 동반자가 되어주는 것이다. 작년에 병문안을 갔을 때는 막내 아드님이 참으로 효자여서 느낀 바가 많았으며 보살님은 참으로 헌신적이었다. 거사님은 살아야겠다는 집착이 강해서 가족들이 힘들어했는데 이번에 뵈니 얼굴이 편안해 보인다.

몸을 기준으로 생각했을 때는 나고 죽는 것이 있어서 두려웠지만 몸에 대한 집착이 사라지고 나니 본래 생사가 없어서 두려움이 없는 마음이 나타났기 때문이다. 이러한 평상심을 찾을 거라고 거사님은 많은 선지식을 찾아서 공부를 하다가 너무 무리해서 병을 얻었지만 생사에 대한 두려움과 몸을 놓아버리니 평상심이 찾아왔다고 한다. 밖으로 찾는 것을 멈추고 몸이 아파서 이제 죽음마저도 받아들이니 나타난 것이다. 이것은 본래 있었던 마음이지 새롭게 나타난 것이 아니다. 평상한 이 마음을 부처라고 한다. 누구나 쓰고 있지만 범부는 모르면서 쓰고 깨달은 사람은 분명하게 알면서 쓰는 것이 다른 점일 뿐이다.

이렇게 알고 보면 죽음은 낡은 옷을 새 옷으로 갈아입는 것과 같다.

몸이 태어나고 죽는다고 생각했을 때는 두려웠지만 병을 얻은 덕분에 거사님은 오히려 몸에 대한 집착이 떨어졌으니 관세음보살님을 부르면 가피로 건강한 몸을 다시 회복할 수도 있으니 무심으로 간절히 기도하라고 일러 주었다.

옛날에 모셨던 큰스님께서는 젊었을 때 공부하다가 폐병을 얻어 말기라서 이제는 손을 쓸 수가 없었는데 이왕 죽을 바에는 기도라도 실컷 해보고 죽는다고 관음기도를 했다. 그런데 하루는 꿈에 관세음보살님이 허리에 침을 놓아주는 가피를 입어서 병을 극복하고 수행을 해서 나중에는 큰 선지식이 되었다는 일화를 소개해 주었더니 큰 힘이 된다고 한다. 관세음보살이라는 마음의 광명이 업력에서 비롯된 병고의 습기를 녹여버렸기 때문이다.

지난겨울, 모진 추위를 뚫고 나온 인동초 향기가 코를 찌른다.

병이 있기에 오히려 한 생각을 크게 돌이킬 수 있는 계기가 될 수 있다. 아픔이 오면 끝없이 지은 죄를 참회하고 아픈 몸의 감각이 극에 달할 때를 당하여 피하거나 따라가지 말고 바로 돌이키면 아프면 아픈 줄 아는 주인공이 여여하게 나타나서 본래 아픔이 없는 자리를 보여준다. "아야, 아야" 하면서 나타는 주인공을 아픔에 매몰되지 않도록 끝까지 깨어 있어야 한다. 극도의 아픔이 찾아오면 관세음보살을 부르며 끝까지 놓치지 말고 대치하다가 조금 여유가 생기면 이제는 아픔은 사라지고 아픈 줄 아는 주인공이 나타나는데 이때 '관세음보살' 하고 부르면 자기 성품의 자비로운 관세음보살이 바로 출현을 한다. 하지만 쉬운 일이 아닐 것이다.

그래서 원효 스님은 발심수행장에서 병들기 전에, 더 늙기 전에 수행하

라고 했다.(破車不行 老人不修)

유월은 호국보훈의 달이다. 새벽마다 종성을 하면서 염불에 먼저 가신님들을 실어보지만 그 은혜에는 미치지 못할 것이다. 선열들의 넋을 기리면서 더욱 무상을 느끼고 발심하여 정진에 바짝 고삐를 당겨야 하겠다.

보살님은 인동초 몇 뿌리를 캐어 가지고 갔다.

인동초의 향기로 내년 이맘때는 다시 건강한 몸으로 만나볼 수 있다면 좋겠다.

장마는 깊어 가는데

장맛비가 오락가락 주춤거리는 사이로 보름달이 떠오른다.

해맑은 모습이 먹구름 속에서도 얼굴을 바꾸지 않아 옛 도반을 만난 것처럼 반갑다. 선실에 마주 앉아서 차를 마시니 신묘하기 그지없어 달빛은 바야흐로 만상을 머금었다.

밤은 점점 깊어가고 청개구리 합창은 끊어졌다가 다시 이어지고 마치 무생곡을 부르는 듯 다함이 없다.

달이 저렇게 둥글어서 달력을 바라보니 하안거 살림이 어느덧 반 철로 접어들었다. 일대사에 목숨을 걸고 정진하는 사람은 달이 차고 기우는 것이 두렵기만 할 것이다.

어느덧 섣달 그믐날이 가까워지면 누구나 묵은 밥값을 치러야 하기 때문이다. 처음 발심했을 때 마음은 해가 갈수록 무뎌지고 몸은 늙고 병들어 가니 공부하기가 쉬운 일이 아니다. 화두에 의정은 점점 희미해져서 젖은 나무에 불을 지피는 것처럼 화력이 없어 앉으면 혼침과 무기에 떨어지고 서면 산란심에 끄달려서 초조하기만 하다. 빈산에 달빛은 교교한데 소쩍새는 울고, 크고 작은 무덤을 바라보면 참으로 무상하여 이러지도 저러지도 못한 것이 한스럽기만 하다.

진실한 사람은 자기를 속이지 않기에 오히려 이러한 경계를 만나서 크게 한 번 몸을 뒤집을 수가 있다. 지금까지 지어온 법 농사는 좋은 경험이었기에 더 이상 미련을 두지 말고 묵은 논을 갈아 엎어버리듯이 미련 없이 정리를 해야만 한다. 그 쓰라린 마음이야 당해보지 않는 사람은 알 수가 없겠지만 더 이상 손을 쓸 수가 없어서 마음길이 끊어져 버려야 하기 때문이다.

위산 스님이 향엄 스님에게 "그대는 총명하여 모든 것을 다 아는 것 같지만 배워서 아는 것이니 부모가 낳아주기 전에 그대의 본래면목에 대해서 한마디 하라." 는 질문에 말문이 막혀서 낙담하고 떠돌기로 작정을 했다. 향엄 스님은 행각을 하다가 남양 혜충 국사의 탑이 모셔진 절에서 마당을 쓸다가 대나무에 던진 기왓장이 내는 소리에 오도를 했다. 그러고 나서 향을 사루고 멀리 위산 스님을 향해서 합장하기를 스님의 은혜가 몸을 낳아주신 부모의 은혜를 넘어간다고 눈물을 흘렸다.

달은 먹구름을 비켜가면서 마치 파도를 타듯이 서천으로 가고 있다. 오늘처럼 달이 좋은 날은 마음속 깊은 곳에 가라앉아 얽힌 것들을 꺼내놓고 공부의 실마리를 풀어가기 좋은 날이다. 한 생각 번뇌가 일어나면 바로 돌이켜 마음을 확인하지 않고 끊어버리는 것을 공부로 삼으면 처음에는 편안할지 모르지만 갈수록 장마철에 습기가 많아서 집안이 눅눅하고 기분이 우울해지는 것처럼 답답해진다. 또한 마음을 불변하는 실체로 상정해 놓거나 주인공이니 한 물건이니 이름을 붙여 놓고 규명을 해 들어간다면 아는 것으로 인해서 서로 부딪치는 불기운 때문에 상기가 오르고 법망에 걸려서 시비가 끊어지지 않는다. 바야흐로 여름을 잘 보내려면 고요한 데 치우쳐 너무 습해서도 안 되고 아는 것에 치우쳐 너무 뜨겁지도 않아야 정혜가 등지 되어 불기운은 아래로 내리고 물 기운은 위로 올라가 서늘하게 보낼 수 있다.

바다 안개가 다시 꼬리에 꼬리를 물고 산정으로 오르고 숲은 바람에 큰 파도처럼 일렁거리고 있다. 장마철이라고는 해도 그간 비가 많이 오지 않아서 가물었는데 이제사 장대비가 쏟아진다. 마음은 소년처럼 온몸으로 비를 맞이하고 싶다. 비가 바다를 지나가지만 흔적이 없는 것처럼 천진한 마음으로 돌아가고 싶다.

관음상 앞에는 수국이 향기를 안으로 감추고 푸짐한 다발로 수채화 물감을 풀어 먼 바다로 번지고 있다. 돌담 옆에는 하늘나리가 꽃잎이 비에 젖어서 하늘에 오를 수가 없다는 듯 안타깝게 서 있고 뒤뜰에는 치자 꽃이 순백의 향기를 선실로 보내어 눅눅한 기운을 털어내고 있다.

모든 길이 끊어진 곳에 서 있는 한가로움 속에서 저마다 제 빛깔과 향기로 장마는 점점 깊어가고 있다.

달은 먹구름을 비켜가면서 마치 파도를 타듯이 서천으로 가고 있다.
오늘처럼 달이 좋은 날은 마음속 깊은 곳에 가라앉아 얽힌 것들을 꺼내놓고
공부의 실마리를 풀어가기 좋은 날이다.

파도소리를 타고 들어가라

앞마당 너럭바위에 앉아 더위에 지친 몸을 뒤척이다가 그만... ...... 잠이 들었다. 문득 깨어보니 밤은 으슥하니 깊어서 새벽으로 넘어가는데... 파도소리는 잠들지 않고 묘음으로 다가오고 있다.

사람의 심성 그대로가 불성과 조금도 다름이 없어서 오직 남은 것이라고는 하나 밖에 없는 자존심마저 버리고 나면 삶의 커다란 전환점이 생기게 된다. 영운 스님은 남양 혜충 국사를 모셔놓은 탑묘를 참배하다가 빗자루로 마당을 쓸면서 밟히는 기와 조각을 던졌는데 우연히 대나무와 부딪치는 소리에 삶의 긴 방황을 그치고 오도를 하게 되었다. 참으로 감격하여 멀리 사형인 위산 스님이 계시는 곳을 향하여 향을 사루고 예배하면서 그때에 가르쳐 주지 않고 진실하게 목숨 바쳐 참구할 수 있는 계기를 만들어준 사형님을 더욱 귀하게 생각한다면서 그 은혜야말로 몸을 낳아주신 부모님의 은혜를 능가한다고 감격의 눈물을 흘렸다.

관세음보살님은 바닷가에 상주하면서 중생이 부르면 언제 어디서나 곧 달려가서 일체의 고통과 액난을 해결해 주겠다고 원력을 세우신 자비의 어머니다. 그래서 바닷가를 중심으로 관음신앙이 생겼으며 그 가피와 영험으로 많은 사람들이 의지처로 삼아서 내려오는 우리 불교의 대표적인 신앙이다. 하지만 그 신앙의 원형은 파도소리를 듣고서 소리가 공한 줄 깨달아서 이근원통을 이루어 일체의 고통을 건너가는 것이다.

옛부터 파도소리는 세상에 있는 모든 소리의 모음으로써 불보살님의 음성과 가장 가깝다고 하며 듣는 사람은 편안하여 마치 자비로운 어머니의 음성으로 들린다고 한다. 그래서 어머니의 자비로운 품에 안긴 아이가 포근함으로 울음을 그치고 잠에 들듯이 모든 고통이 사라지는 것이다. 능엄경에서 설하는 이근원통은 소리를 바로 들을 줄 아는 귓속의 귀는 여섯 가지 근을 서로 포섭하여 상호 호환성을 가지고 있으므로 귀로써 보며 눈으로 듣는다는 말이다.

사실은 파도소리가 귀로 다가서거나 귀가 파도소리를 향하여 가지는 않지만 성품은 한결같이 공하고 고요하여 자성의 바다를 이루기 때문이다. 백 천 강물은 바다에서 만나 다툼이 사라지고 짠맛으로 일미를 이루니 그 작용으로 깊은 밤에도 쉬지 않고 파도소리로 굽이치고 있다. 그러므로 소리를 듣지만 공인 성품이나 소리의 경계가 하나가 되어 조금도 장애가 되지 않으므로 소리를 탄다고 하며 파도가 곧 물이며 물이 곧 파도이므로 번뇌가 곧 깨달음이며 위기가 바로 기회가 된다.

이러한 사상을 알고 깨달아서 세상을 살아간다면 어떤 고난이 닥쳐오더라도 바로 알아차리고 관세음보살을 부르면서 자기의 성품이 공한 줄을 깨달으면 인생 고해에서 빈 배처럼 물결을 따라서 오르내리면서 유유자적하여 멋지게 한바탕 춤을 추며 행복하게 살아갈 수 있을 것이다.

복숭아

장마가 코앞으로 다가왔다.

항상 미리 준비하는 사람은 큰일이 닥쳐도 마음이 움직이지 않고 의연하게 헤쳐 나간다. 올 장마가 모두에게 무사히 지나가도록 발원해 본다.

몇 년 전에 산에 여러 그루의 복숭아나무를 심었는데 한 그루에서만 탐스런 복숭아가 열린다. 선홍빛 탐스런 얼굴이 법을 나눈 형제처럼 다정해 보인다. 다른 나무들도 내년에는 자기 때깔의 법을 드러냈으면 좋겠다. 우선 정성을 들이고 시절인연을 기다려야겠다.

어제는 반가운 전화를 받았다. 그동안 탁마를 했던 후배스님이 이제사 법이 온전하게 드러나니 일체의 경계나 번뇌 망상이 그대로 공부를 드러내는 불쏘시게라고 한다.

그동안 아는 것이 많아서 힘이 들었는데 다 놓아 버리니 살 것 같다고 한다. 수승한 불법의 지견까지도 버려야 사는 길이기 때문이다.

번뇌가 일어나는 것을 싫어하고 고요한 경계를 즐기려고 하지만 붙잡히면 점점 멍청해지고 무기력해져서 나중에는 허무를 느끼게 된다. 일어나는 번뇌를 절대로 끊으려고 해서는 안 된다.

번뇌가 일어나면 바로 마음을 확인하는 좋은 계기가 되는데 번뇌를 떠나서 특별한 마음이 없으니 바로 돌이켜서 본래 청정한 법신을 드러내면 되기 때문이다. 공부가 되는 것도 아니고 안 되는 것도 아닌 것 같으면 곤란하다. 이 공부는 너무나 분명하고 뚜렷해 대낮처럼 밝아서 활발발 하게 일체 경계 속에서 바로 확인이 되기 때문이다.

공부길이 보이지 않으면 신나는 음악을 들어보고 몸을 움직이며 한바탕 일을 하고 나면 온몸이 살아나고 뚜렷하게 나타나는 것이 오직 이것 아님이 없다. 여기에서 바로 들어가야 활구가 된다.

세월이 가면 갈수록 복숭아처럼 익어지고 온전하게 드러나니 참으로 귀한 것임을 알겠다. 이제 법을 이야기하고 나눌 수 있는 법 형제를 얻은 것 같아서 그 기쁨이 한량없다.

자기 자신을 속이지 않고 오직 일대사를 해결하려는 열정으로 진실하며 좋은 선지식과 도반을 만나서 탁마를 하면 본래 가지고 있었던 법은 드러나는 것이 당연하다.

빈 손

바다안개가 꼬리를 물고 산정으로 오르니 어느덧 도량은 한바다가 되었다. 관세음보살님은 모처럼 안개를 타고 하늘로 오르는 듯 비천상을 나투고 있다.

텃밭에 심었던 감자는 꽃이 피지 않아서 밑이 들지 않았을 걸로 생각했는데 탐스런 알들이 덩굴째 달려 있어서 웃음이 그치지 않았다.

당근은 거름도 하지 않고 빈 밭에 그냥 뿌려 놓았는데 크고 날씬한 모습이 신선처럼 홍안이어서 흙 속에서도 때 묻지 않고 여여한 모습이 불성을 보는 것 같았다. 세상 시름에도 물들지 않는 참성품은 마치 당근처럼 흙 속에 묻혀 있어도 색깔이 변하지 않는다. 다만 흙을 헤치고 꺼내는 작업이 필요하니 이것을 수행이라고 하지만 없는 것을 만들어 내는 것은 아니다.

고구마를 심으려고 다시 밭을 고르고 두둑을 만들었다. 비가 흠뻑 내리고 나면 봄에 묻어두었던 모종에서 순을 잘라서 심을 것이다.

며칠 동안 장마 준비에 몸이 곤하고 나른하다. 하지만 긴 장마철에 감자를 쪄서 새참으로 먹으면서 오는 따끈한 손맛을 생각하니 땀 흘린 것이 뿌듯해진다.

손은 항상 빈 손이라서 하루 종일 일을 하지만 일이 없으면 다시 빈 손으로 돌아가서 쉰다. 우리의 마음도 이와 같아서 하루 종일 생각을 해도 돌이키면 한 생각도 얻을 수 없다.

더위가 없는 곳으로 가라

장대비가 그치고 뒤뜰에 나가보니 자귀나무에 꽃이 피어 환하게 웃고 있다.

연분홍 꽃잎이 나비처럼 살포시 앉아있어 소박하고 수줍은 여인의 아취를 자아내고 있다. 옛부터 가내 화합을 위하여 정원수로 심었으며 밖으로 나갔던 일체 생각을 거두어 자기로 돌아가라는 이름을 가졌으니 범상한 나무는 아닌 것 같다. 화사한 꽃의 자태는 구질구질한 날씨에 닫혔던 하늘이 열리는 듯 자귀의 하라고 법을 설하고 있다.

은사스님께 문안을 드리기 위해서 오랜만에 출가본사를 찾았다. 고색창연한 일주문을 넘어서니 침계루는 흐르는 물에 두 다리를 걷어 올리고 안개 속에 조계산은 연꽃으로 피어오른다. 사자루에는 수련생들이 깊은 선정에 들었고 장마에 불어난 계곡물 소리는 지혜를 드러내니 여기가 정혜쌍수의 도량 조계총림이다.

오랜 전통 속에서 내려오는 수련법회는 하나의 가풍으로 자리를 잡았고 모든 대중들이 자발적으로 화합 속에서 참여하고 있으니 깨달음의 숲이 나날이 자라고 있다. 조계산정에 흐르는 구름을 바라보니 십여 년을 한 철도 거르지 않고 수련회 지도법사로 지냈던 시절이 생경하게 떠오른다. 돌이켜 보면 수련생들을 선지식으로 삼아 수행을 점검하는 좋은 시절이었다. 너무나 엄하게 해서 선임하사라는 별명이 붙었는데 지금 생각하면 입가에 미소가 흐른다. 후원으로 들어가 보니 자원 봉사자들이 묵언 속에 일하면서 공부를 챙기고 있었고 점심은 좋아하는 만두 공양이었다.

은사스님께서는 입제법문을 마치고 과로하셨는지 누워 계신다. 하지만 사시가 되니 아픈 몸을 일으켜 불전에 나아가 예불을 드리는 모습에 가슴이 뭉클해져서 다시 초발심으로 돌아간다. 이제 곧 장마가 끝나고 나면 산으로 바다로 피서를 떠날 것이다.

선원에 돌아와 보니 텃밭에는 호박꽃이 활짝 피었다. 더위를 피하려고 하면 영원히 해결이 되지 않는다. 더울 때는 몸에서 일어나는 감각과 덥다는 한 생각을 놓치지 말고 끝까지 살펴서 쪄 죽을 정도로 숨이 꽉 막혀 온몸으로 하나가 되면 더운 줄 아는 성품에는 본래 덥고 추위가 없음을 요달할 것이다. 호박꽃은 소박하여 꾸밈이 없고 덥다는 분별이 없어 더위와 하나가 되어 삼복더위를 보내고 나면 가을에는 보름달처럼 둥근 본래면목을 드러낼 것이다.

불타는 집

열대야가 계속되어 잠 못 이루는 밤이다.

오늘도 하늘에는 성난 태양이 금방이라도 대지를 집어 삼키려는 듯 아가리를 벌리고 불을 뿜어 내고 있다. 세상은 지금 탐욕과 성냄, 어리석음의 불이 쉼 없이 타고 있어 문밖을 나서기가 두렵다. 설상가상으로 여러 형제들이 타는 불 속에서 죽음의 두려움과 공포에 떨고 있다. 사람의 생명은 종교와 국경을 초월해 있으니 어서 빨리 구명의 밧줄을 던져서 살려내는 것이 급선무다.

『법화경』「비유품」에서는 세상은 마치 불타는 집과 같아서 부처님께서는 세 가지 수레로 중생들을 안전하게 유인하여 궁극에는 불이 꺼져버린 안온한 니르바나의 세계로 인도하고 있다. 불이 난 원인은 나와 남이 둘이 아닌 줄 모르고 오직 내가 최고라는 집착과 아집에서 시작되었다. 그러므로 모든 것은 서로 의지하고 관계 속에서 존재한다는 연기법의 원리를 깨달으면 일체가 공한 줄 알아서 한량없는 지혜와 자비가 일어난다.

어느덧 해는 순하게 길들여진 소처럼 뚜벅뚜벅 걸어서 바다로 들어가고 있다. 불타는 저녁노을이 사라지고 나니 금빛 물결은 어느새 그리움으로 출렁이고 더없이 안온한 니르바나의 세계가 눈앞에 펼쳐지고 있다. 왠지 고향이 그립고 어머니의 넉넉한 품에 안겨 지친 심신을 내려놓고 푹 쉬고 싶은 시간이다.

오늘은 유월 보름 유두날로 동쪽으로 흐르는 물에 머리를 감고 맑은 기운을 받아서 액을 면하고 풍년을 기원하며, 장수한다고 해서 밀로 만든 음식을 먹는 날이다. 마당에는 풀을 한 짐 베어다가 모깃불을 피워 놓고 가족끼리 모여 앉아 정담을 나누며 먹었던 밀 부침개의 부드럽고 달콤한 맛이 그리워진다. 모처럼 얻은 휴가를 고향에서 부모님과 함께 보내는 사람들은 더없이 행복한 사람들이다. 가족들이 함께 모여서 지나간 서운했던 일들은 모두 용서하고 풀어 버려서 부모님을 기쁘게 해드리자. 금생에 이렇게 가족으로 만난 것은 수없는 전생의 인연임을 깨달아서 서로 존중하고 화합을 하면 좋은 일이 있을 것이다.

오늘밤도 가족들을 멀리 타국 땅의 전쟁터에 보내놓고 피를 말리며 잠 못 이루고 있는 사람들을 생각하면서 인연법의 소중함을 깨달아서 편협한 종교 관념에서 벗어나 모두가 무사하게 돌아오기를 기도하자. 유두절 물맞이로 관정을 했으니 곧 좋은 소식이 올 것이다.

행복과 불행이 따로 정해진 것이 아니다.
남녀의 진실한 사랑은 끝까지 상대를 원망하지 않고
모든 허물을 자기한테로 돌려야 수행으로 들어갈 수 있다.
수행에는 일체 거래가 끊어졌기 때문이다.

직녀의 사랑

오늘은 칠월 칠석 날이다.

옛날 하늘의 옥황상제 딸인 직녀라는 처녀가 문득 구름 아래를 내려다보다가 소를 치는 견우라는 잘생긴 청년과 사랑에 빠졌다. 둘이는 사랑에 눈이 멀어서 하던 일을 소홀히 하는 바람에 하늘의 노여움을 사서 일 년에 한 번인 칠월칠석 전날 밤 하루만 만남이 허락되었다. 이들의 만남을 주선하기 위하여 까마귀와 까치가 길을 만드는데 오작교이다. 까마귀는 해를, 까치는 달을 상징하니 음과 양의 만남으로 우리의 전통 발렌타인데이인 셈이다.

일 년에 한 번 만남을 이루기 위해서 서로가 몸과 마음을 아름답게 가꾸고 단장을 해야 하니 하루가 천 년이 되는 수행자의 마음인양 기다림은 어느덧 설레임을 넘어서 수행으로 성숙되었을 것이다. 남자는 바깥으로 향하는 마음이 많아서 활동적이고 지혜가 많으며 여자는 안으로 지향하려는 성질이어서 정이 많아서 안정적이다. 하지만 선정과 지혜로써 서로 조화로운 것이 우리의 본래 마음이니 남자는 밖으로 반쪽인 여성이라는 인연을 통해서 나의 남성과 만나 차별이 없는 본심으로 돌아가 둥글어지고 여자는 밖으로 반쪽인 남성을 만나서 정에만 치우쳐서 현명하지 못한 마음이 조화롭게 되어 남녀의 차별성을 넘어서 있는 우리의 본성과 만나 아름다운 모성으로 거듭나게 된다. 그래서 견우와 직녀처럼 참으로 간절하고 진실한 남녀의 사랑은 깨달음의 세계로 마음을 바꾸어 놓는다. 관세음보살의 모습이 비남비녀인 것은 이를 상징하고 있으며 모성인 불심으로 깊은 자비심이 넘쳐흐르는 것이다.

오늘날 남녀의 사랑은 조건과의 거래가 되어버렸지만 그래도 진실한 사랑이 있어서 세상은 아름답고 이만큼 이라도 돌아가고 있다. 조금 힘들고 경제적인 능력이 안 된다고 무시하고 서로 성격이 맞지 않는다고 헤어지는 오늘날 사랑의 모습을 보면 견우와 직녀의 사랑은 얼마나 고귀한 것인지 모른다. 서로가 참아가면서 익은 자존심은 설게 하고 설은 사랑을 점점 익혀 간다면 진실한 사랑은 깨달음을 이루게 할 것이다.

오늘이 칠석날이라고 아랫마을에서 노 보살님이 불공을 오셨다. 어르신이 연세가 많아서 노환으로 누워 계시니 병수발을 하면서 힘들고 지친 마음을 자식들한테 말도 못하고 관세음보살님 앞에 엎드려서 전생에 무슨 죄가 많아서 이렇게 힘이 드느냐고 도와달라고 울음을 터트리고 있다. 이렇게 한바탕 울어버리고 나니 가슴에 맺힌 불덩어리가 풀려서 시원하다고 한다. 어르신은 이제 아이처럼 보채고 조금만 떨어져 있어도 오해를 해서 서운하다고 하니 너무나 힘들다고 한다. 그래도 참고 관세음보살님을 부르면서 임종을 잘 지켜드리라고 했더니 다시 힘이 난다고 하면서 자식들이 효자라서 어머니 마음을 알아주니 너무나 고맙다고 한다.

우리 어머니의 깊고도 아름다운 사랑을 자식들이 조금이라도 본을 받아 가정을 지켜나간다면 세상은 조금 더 편안해질 것이다. 부부의 인연이 된 것은 전생의 수많은 인연이 쌓인 것이니 조금 힘들다고 포기해 버린다면 또 다른 인연을 만나도 세상사 어려움이 끝이 없으니 모성으로 향기가 나는 얼굴을 만들 수가 없을 것이다.

금생에 사람으로 태어난 것은 고통을 참으면서 인욕 하여 결국은 깨달음으로 들어가라는 인연인 줄로 안다면 견딜 만 할 것이다. 인생은 마디마디 사연이 있어 아름답고 자기를 단련시키니 극복하기 나름이다. 행복과 불행이 따로 정해진 것이 아니다. 남녀의 진실한 사랑은 끝까지 상대를 원망하지 않고 모든 허물을 자기한테로 돌려야 수행으로 들어갈 수 있다.

수행에는 일체 거래가 끊어졌기 때문이다.

외로움은 외로움이 아니다

세상사에서 느끼는 외로움은 상대적인 것이어서 조건이 충족되면 해소가 되지만 끝까지 발목을 잡고 밝히기를 요구하며 물고 늘어지는 것은 존재에 대한 외로움이다.

이 일밖에 없다

어른들이 하시는 말씀에 계절은 속이지 못한다고 하더니 이제 밤이면 귀뚜라미가 울고 하늘의 별 밭에는 은빛 잔치가 시작되었다.

긴 장마통 속에서 천둥 벼락을 치며 심술맞게 장대비를 퍼붓던 하늘이 흔적도 없이 저렇게 높아진 걸 보니 가을의 문턱임에는 틀림이 없다. 해수욕장은 썰물처럼 사람들이 빠져나가고 이른 아침 바다는 아직 남아있는 열정으로 집채만 한 파도로 굽이치고 있다.

앞마당에는 연꽃의 향기로운 잔치가 한창이다. 이렇게 가까이서 연향에 취해보기는 처음이다. 공부가 끝나지 않으면 향기에 마음을 빼앗길 수 있기에 항상 살펴야 하는데 이제사 깊고도 미세했던 망념의 창고가 바닥이 드러나고 허공 같은 마음이 본래 모습을 드러낸다. 해질녘 순백의 얼굴로 미풍에 하늘거리는 하얀 연꽃의 자태는 숨을 멈춰야 바로 볼 수가 있다. 저녁에는 고사리 손의 합장인양 다소곳이 아물은 모습은 천진 동자의 해맑은 얼굴이다.

몇 해 전 선원의 상징화로 심었는데 지붕 꼭대기에는 조각된 하얀 연꽃이 법성의 바다에 뿌리를 내린 탓으로 사시사철 시들지 않고 사람이 부처라는 『법화경』의 핵심 사상을 드러내고 있다. 연꽃은 더러운 곳에 처해 있어도 물들지 않고 항상 깨끗하여 깊고 그윽한 향기를 드러낸다. 사람도 시끄러운 세상에 살지만 누구나 부처를 품고 있어서 부처의 행을 실천하면 그대로 부처인 것이다. 연꽃 만나고 지나가는 바람같이 걸림이 없고 머물지 않으면 그토록 질기고 미세하여 괴롭혀왔던 아뢰야의 무의식 창고도 바닥을 치고 습기는 다하여 거북의 등처럼 갈라진 땅바닥을 드러내고 있다.

이제 며칠 있으면 하안거 해제 날이다. 해마다 이상 기온으로 덥고 비가 많이 와서 무사히 안거를 마친다는 것이 쉽지 않은 일이다. 선원에서는 벌써부터 만행 길을 생각하면서 마음이 들뜨기 시작할 것이다. 하지만 대중처소는 노장님들이 하시는 말씀처럼 대중들이 공부를 시켜주고 함부로 게으름을 피울 수가 없어서 대중에 묻어가면서 공부를 챙기는데 만행 길에서 흔들리지 않을 정도로 공부의 힘을 얻었는지 점검을 해야 할 것이다.

연꽃이 가지고 있는 덕 중에 화과동시라는 말은 길 가는 일이 곧 집안소식을 드러내는 일이라는 뜻으로 만행 그대로 불과를 드러내는 일이어서 만나는 인연마다 불연을 심어 빛을 감추고 세상과 하나 되는 화광동진의 걸음이 되어야 하기 때문이다. 한 철 죽어라고 정진을 해서 힘을 얻은 공부를 산철에도 끊어지지 않게 해야 되는데 산천 구경에 팔려서 소홀히 하면 다시 잃어버리기 쉽다.

좋은 도반이 있어서 만행을 하면서 서로 경책을 할 수 있다면 오히려 경계 속에서 큰 힘을 얻을 수 있지만 도반을 잘못 만나면 얻어 놓은 공부마저 잃어버리게 되어 후회 막심할 일이니 주의를 해야 할 것이다. 또한 정진력이 붙어서 대중생활이 번거로운 사람들은 시간에 구애됨이 없이 공부를 밀어붙이겠다는 생각에 토굴을 찾아 나설 것이다. 하지만 이것도 다시 한 번 생각을 해야 할 것이다.

어느 해 봉암사의 여름 안거에서 분심과 용맹심으로 공부를 밀어붙이니 힘이 생겨서 하루에 열두 시간을 꼼짝하지 않고 보름 가까이 앉아 있게 되어 대중들에게 너무나 미안한 마음이 들어서 토굴로 나와서 정진을 하게 되었는데 오히려 일이 많고 마장이 생겨서 참으로 대중이 고마운 줄을 알게 되었다. 지금 생각을 해도 너무나 아쉬운 것은 그때 대중을 벗어나지 않고 밀어붙였더라면 빨리 공부를 마칠 수가 있었을 텐데 하는 아쉬운 마음이 들었기 때문이다.

세상의 일도 때를 놓치면 안 되듯이 이 공부도 젊고 건강할 때 밀어붙이지 않으면 참으로 어렵다고 경책하신 서암 전 종정스님 말씀이 천둥소리로다가 온다. 길을 가거나 오거나 오로지 한 세상 나지 않는 셈치고 목숨걸고 모기가 쇠가죽을 뚫듯이 한번 부딪쳐 볼 일이다. 이 일 밖에 따로 할 일이 없기 때문이다.

불두화

이른 아침 앞마당에 나서보니 부처님 머리를 닮은 불두화가 뜰앞에 활짝 피었다. 반가운 손님처럼 맞이하여 두손 모아 합장하고 나무석가모니불을 부른다.

두두물물이 부처 아님이 없다고 불두화는 설법한다.

어느 스님이 붙인 이름인지 모르지만 꽃을 보면서 부처님을 친견했을 것이다. 『증일아함경』에는 불상이 생기게 된 것은 우전왕이 부처님께서 모친 설법을 위해서 도솔천에 올라간 사이에 너무나 보고 싶어서 조성했다고 전해온다. 하지만 불멸 후 서기 1세기 경이 정설이다. 처음에는 구체적인 모습이 없었고 보리수 나무 아래서 정각을 이룬 것을 생각해서 보리수 나무를 그렸고 탑을 조성해서 부처님을 떠올렸다. 인도 불상의 기원지인 마투라에서 3일간 머무르면서 박물관을 두루 살펴보았던 기억이 떠오른다. 황토가 많은 지역이어서 붉은 색깔이었고 스님이라고 여관에서 숙박비를 받지 않았는데 너무나 인상이 깊었다. 불두화의 모습같이 생긴 불상을 이 지역 지명을 따라서 마투라 양식이라고 하며 머리가 소라모양처럼 생겼다고 해서 나발형이라고도 부른다.

또한 파키스탄 간다라 지역에서는 그리스의 알렉산더 대왕의 침입으로 인하여 헬레니즘의 영향으로 코가 높은 서양인의 모습으로 불상이 조성되었는데 물결 무늬의 파상형으로 세밀하지 못한 모습이며 간다라 양식의 불상이라고 부른다.

불상에 예배하는 의미는 부처님을 떠올리면서 신심을 가다듬고 원력을 세우면서 부처님처럼 살겠노라고 다짐하고 실천하자는 뜻이다.

맹목적인 예배가 되서는 안 되고 부처님과 내가 둘이 아니라는 마음으로 예불을 올려야 참다운 예불이 된다.

따끈따끈한 법신 사리

장마가 오기 전에 감자를 거두어 들였다.

시골에서는 하지 감자라고 부른다.

철이 없이 나오는 것은 맛이 싱거운 것이 사실이다. 달력을 보니 하지가 얼마 남지 않았다.

올해는 순전히 유기농으로 지어서 맛이 일품이다.

하지는 일 년 중에 낮이 가장 긴 날로서 양의 기운이 극에 달하는 시간이다. 수행을 함에 있어서도 머리로 따지면 불기운이 머리에 올라서 공부가 되지 않는다. 세상도 마찬가지라서 진심이 부족하면 소통이 막혀 여기저기서 불기운이 솟아올라 모든 것이 마비가 되는 것 같다.

세상이 시끄럽다.

위기가 기회로 반전되기 위해서는 모두가 참고 지혜를 모아야 한다. 내일 비소식이 있으니 물 건너서 좋은 소식이 와서 모두가 안심하고 본래 자리로 돌아가 각자 맡은 바 생업에 매진했으면 좋겠다.

선가의 가풍은 본래 가난한 것이라서 집안 깊숙이 숨겨놓은 보배마저 귀한 것이 못 된다. 믿었던 물건이나 사람을 한꺼번에 탈취 당하여 잃어버린 허전하고 쓸쓸한 심정이야 오죽하겠는가 마는 알고 보면 참으로 좋은 시절이다. 향상일로의 전기가 되기 때문이다.

크게 죽어야 사는 길이 있다.

밭에서 채취한 따끈따끈한 법신 사리가 영롱하다.

요즈음 장마 대비로 바쁜 나날이다.

붕어빵

어제는 갑자기 일이 생겨서 도반스님과 읍내에 나갔다.

점심시간이 겹쳐서 자장면으로 선택하고 여기저기 살피는데 아파트 앞에 새로 생긴 조그만 집이 보여서 들어갔다.

교인이라서 약간 경계를 했지만 주인은 친절하게 맞아주었고 깔끔한 분위기처럼 눈길이 따뜻했다. 먼저 온 청년들이 여럿이서 한상 가득 먹고 있어 보기만 해도 넉넉해 메뉴를 알고 보니 처음 들어보는 쟁반 자장면이었다.

이제까지 먹어본 경험으로는 맛이 짜지도 않고 면발이 푸른색으로 쫄깃해서 으뜸이었고 참으로 행복한 점심이었다. 마음에 점을 친다는 말의 점심은 먹는 것으로 본다면 음식과 먹는 사람, 주인이 하나로 만나는 경계이다.

입을 닦고 나니 몸은 기운이 나고 기분은 상쾌하여 주인을 칭찬해 줬더니 젊은 부부가 고맙다는 인사를 한다.

돌아오는 길에 오랜만에 붕어빵집에 들렸더니 보살님이 많이 수척해 보인다. 더운 여름에 많이 힘들었단다. 노년에 소일거리로 부러워 보이기도 했는데 하루 종일 앉아있으니 운동이 부족해서 다리가 아프고 어르신이 몸이 아파서 약값 대기가 힘들다고 하소연을 했다.

잘 사는 다른 친구들을 생각하면 불만스러운가 보다. 하지만 지금 이만한 처지라도 감사하게 받아들이고 즐겁게 일을 하라고 위로를 해 주었다.

붕어빵에 붕어 없듯이 주인은 번뇌가 없는 줄 알았더니 알고 보니 아직 붕어빵의 도리를 모르고 있어 안쓰러워 보였다.

외로움은 외로움이 아니다

새벽 도량석 목탁을 울리는데, 멀리 바라다 보이는 작은 섬 꼭대기에 홀로 빛나는 등대가 외롭다. 처음 섬에 들어올 때는 발심하여 다시 출가한다는 절박한 심정이었다. 배에 오르면서 본분사를 끝까지 밝히지 못하면 나가지 않겠다는 원력을 몇 번이나 다짐했지만 육지에서 멀어질수록 생전 처음 대면하는 낯선 풍경에 두려운 생각과 함께 돌아가신 부모님 얼굴이 떠올랐다. 어미 사슴에서 떨어져 나왔다고 해서 새끼 사슴이란 이름이 붙은 섬인 소록도, 육지를 지척에 두고도 만나지 못하는 깊은 애환이 서려 있었으니 나의 외로움도 끝이 보이지 않았기 때문이었다.

사람이 외로움을 느끼는 것은 어머니의 포근했던 모태로 다시 돌아가려는 회귀본능 때문일 것이다. 최초의 고향인 어머니와 떨어지고 점점 자라면서 사람 사이에 지나친 경쟁으로 거리가 생기고 개인주의로 정이 멀어졌기에 생긴 틈이 외로움인 것이다.

이제 얼마 있으면 민족의 대이동이 시작되는 추석명절이 다가온다. 사람들이 저마다 고생을 감수하면서 고향을 찾아가는 것은 외로움을 해소 하려는 몸짓일 것이다. 하지만 끝내 불러도 대답이 없는 부모님과 고향을 잃어버린 사람들은 돌아갈 곳이 없어서 외로운 마음을 어디에 둘지를 모른다. 현대인들이 유난히 외로운 것은 개인주의로 남을 배려할 줄 모르며 나를 낳아주고 길러주신 부모님과 고향의 은혜를 등진 것이 원인이다.

올해 여름은 유별나게 더웠지만 고향에 계신 부모님들은 추석에 내려오는 자식들을 생각하며 더 많이 챙겨 보낼 생각에 더운 줄도 모르고 농사를 지었을 것이다. 그러나 자식들은 이러한 부모님의 깊은 사랑을 모른다. 이번 명절에는 객지에 나간 자식이 꼭 내려올 거라고 주문처럼 외우며 행여나 하고 기다리면서 사립문을 자꾸 기웃거리는 외로운 마음을 생각하면 눈물이 나올 것만 같다.

세상사에서 느끼는 외로움은 상대적인 것이어서 조건이 충족되면 해소가 되지만 끝까지 발목을 잡고 밝히기를 요구하며 물고 늘어지는 것은 존재에 대한 외로움이다. 존재의 근원을 밝히지 못하면 세상에 어떤 좋은 일도 아무런 의미가 없으며 허무하게 느껴진다. 외로움의 끝인 어머니 태에 들기 전 본래면목을 밝혀야 하기 때문이다. 그러므로 여기에서 크게 발심을 하지 못하면 비겁한 생각에 사로잡혀 자기를 도피시키려는 생각으로 우울증이 생기고 심지어는 극단의 선택으로 자살을 시도하게 된다. 외로움의 공간을 확보하여 자기 변화의 기회로 활용하지 못하고 포기하는 나약한 존재의 모습을 보여준 것이다. 무엇이든지 빨리 빨리 쉽게 이루어지지 않으면 견디지 못하고 포기하는 부끄러운 단면일 것이다.

세상에서 성공의 조건은 외로움을 어떻게 잘 관리하고 다스리느냐에 달렸을 것이다. 그래서 선근이 있는 사람은 헤프게 외로움과 타협하지 않고 선지식을 찾아서 염불과 기도와 참선으로 다스리게 되는데 반드시 육조단경에서 말하는 정혜등지를 이루어야 뿌리가 드러나게 된다.

참선하는 사람은 한 생각 외로움이 일어나면 없애려고 하지 말고 바로 알아차리면 마음도 아니고 부처도 아닌 아는 성품이 나타나는데 여기에서 한 걸음 나아가서 화두의 의정으로 돌이키면 바로 성품에 계합하게 된다. 아무리 공부가 수승하다고 해도 끝까지 밝히지 못했다면 외로움이 끝나지 않으니 공부에는 좋은 도반인 셈이다. 지금 자기 경계를 바로 확인을 시켜주며 차별심인 외로움이 남아 있다는 증거이기 때문이다.

외로움이 새로운 자기 창조의 공간이며 만남과 깨달음의 지평이 되는 것은 모든 선지식이 외로움의 양식을 먹고 출현을 하기 때문이다. 한 생각 외로움이 일어나면 보통 사람들은 해결하려고 다양한 방법을 개발하고 타협하며 새로운 모색을 시도하는데 이것이 찬란한 문명을 이루어 놓았다. 문화란 결국에는 외로움의 산물인 셈이다. 수행하는 사람은 한 생각 외로움이 일어나면 타협하거나 없애려고 하지 말고 끝까지 추적을 해야 한다. 그러면 외로움이 끝을 보이기 시작하는데 거기에는 바로 부처 성품이 자리하고 있기 때문이다. 그래서 외로움은 선도 아니고 악도 아닌 부처 성품의 작용이지 외로움이 아닌 것이다.

수행하는 데 있어서 마장이란 것은 외로움이 찾아왔을 때 끝까지 바라보아 실체를 규명하지 못하고 타협하는 것으로 경계에 집착하여 재미를 삼는 것이다. 그러면 잠시 외로움이 없어지는 것 같지만 우리의 참 성품은 거울과 같아서 한 티끌이라도 덮임이 남아 있으면 끝내 성품이 드러나지 않아 외로움은 해결이 되지 않는다. 외로움은 결국 성품을 드러내 놓고서 끝이 나게 된다. 마치 마라톤에서 페이스 메이커와 같다.

수행하는 사람이 외롭지 않으면 공부를 성취할 수가 없다. 섬에 살면서 좋은 것은 쓸데없는 사람 만나지 않고 배 시간이 끊어지면 올 사람도 못 오기 때문에 정진하기는 참 좋다. 섬 속에 또 하나의 섬으로 살면서 흐름을 돌이키며 성태를 기르는 것은 궁극에는 모든 이웃들에게 안전한 섬이 되어야 하기 때문에 즐거운 일이다. 외로움은 성품과 정면으로 마주하는 길이기에 수행자는 외로움을 두려워해서는 안 된다.

창 밖에는 벌써 어둠이 내리고 바람과 함께 가을비가 추적추적 내리고 있다. 선실에 앉아 있으니 빗소리는 어김없이 그 자리에 떨어지고 우뚝 드러나는 마음자리는 천지간에 홀로이다.

이제 날씨가 제법 싸늘해졌으니 외로움이 살짝 방문을 할 것이다. 여유를 가지고 맞이하여 그 속에 무엇이 있는지 궁구해 볼 일이다.

나리

태풍 나리가 깊은 상처를 남기고 지나갔다.

그동안 섬에서 겪은 어느 태풍보다도 유래가 없이 많은 비가 내리고 강풍이 불어서 피해가 많았다.

다행히 도량 주변에 큰 나무들이 감싸고 있어서 별일 없이 지나갔지만 온몸으로 바람을 막아주느라고 허리가 휘었으니 참으로 고마운 인연들이다. 앞으로 지구 온난화로 인한 기상 이변으로 세고 강한 슈퍼태풍이 온다고 하니 인간의 욕망이 갈수록 치성해져 태풍도 따라서 강해지고 덩치를 키우는가 싶어 씁쓸하기만 하다.

얼마 전에는 원로의원이 되신 은사스님을 만나 뵙고 나서 천진하신 만큼 좋아하실 줄 알았는데 뜻밖에 하신 말씀이

"법정 스님이 언제 원로의원 하신다고 하더냐. 공부가 수승하고 덕이 높아야 원로이지 나는 아직 자격이 없다."

고 하셨다. 효봉 큰스님께서는 머리 깎고 중이 되가지고 시주물 받아먹

고 명예나 탐하면 지옥에 중이 제일 먼저 간다고 하셨다며 효봉 큰스님처럼 장좌불와로 용맹정진하여 갈 때도 좌탈입망으로 열반성적이 나와야 한다고 하셨다.

이제 추석이 며칠 앞으로 다가왔다. 곧 민족의 대이동이 시작될 것이다. 올해는 쉬는 날이 많다고 하지만 지급되는 상여금은 많지 않다고 한다. 하지만 저마다 불편함을 무릅쓰고 고생을 하면서 부모님과 고향을 찾는 것은 외로운 마음을 달래고 객지에서 받은 서러움과 고통을 형제들과 나누고 차례를 지내면서 몸과 마음을 푹 쉬려는 것이니 일반 휴가와는 그 질이 다를 것이다. 그러나 긴 휴가가 오히려 가족들의 화합을 멀어지게 할 수가 있으니 서로 배려하는 마음이 우선이 되어야 할 것이다. 부모님 앞에서는 다시 옛날로 돌아가 형제간에 서로 자존심은 버리고 멀어진 우애는 키워야 한다. 그러면 마음이 편해서 깊은 휴식이 되고 돌아갈 때는 에너지가 충만하여 세상에 두려울 것이 없어 잃어버린 자신감이 다시 넘쳐날 것이다. 세상에 가족만큼 든든한 배경이 없기 때문이다.

수행하는 사람은 명절이 돌아오면 더욱 쓸쓸하지만 부모형제를 버리고 대도를 성취하려는 큰 뜻을 품었으니 사사로운 인정에 끄달리지 말고 다시 한 번 공부를 점검하여 두 집안의 은혜를 저버리지는 않았는지 살펴야 할 것이다. 삭발염의를 하고서도 불법의 대의를 밝히지 못하면 물 한 방울도 소화하기 어렵다는 옛 조사의 말씀이 큰 경책으로 다가온다.

나리를 좋아해서 섬나리와 하늘나리, 노란색의 토종나리를 여기저기서 파다가 도량에 심고 꽃을 보았는데 돌아보니 이것도 욕심이었던 것 같다. 예쁜 이름답지 않게 곱게 지나가지 않고 많은 인명과 함께 농작물에 큰 피해를 준 이번 태풍은 올 추석을 망쳐 놓았으니 돌아가는 자식들에게 보따리 가득 채워 주려던 부모님의 마음은 더욱 허전할 것이다. 하지만 나리라는 이름처럼 나의 이익만을 생각해서 더 이상 자연을 괴롭히지 말고 욕망을 줄이라는 큰 경고인 것 같다.

황톳물로 붉게 물든 바다는 점점 제 빛깔을 되찾고 하늘은 언제 태풍이 지나갔느냐는 듯이 무심하기만 하다. 그러나 내 안에 불고 있는 탐진치貪瞋痴 삼독의 나리는 아직 잠을 자지 않고 요동치고 있지는 않는지 다시 한 번 살펴 볼 일이다.

창밖에는 이름 모를 벌레 한 마리가 유리벽을 타고 오르다 다시 미끄러지며 살려고 안간힘을 쓰고 있다. 현대인들이 크게 사는 길은 욕망의 유리벽에서 내리는 일이다.

가을이 내려앉은 강

섬진강 굽이굽이 물길을 따라서 화개장터에 다녀왔다.

오랜만에, 끝없이 맑은 물길에 내려앉은 가을 하늘과 강의 정취에 담겨 있는 이야기를 들어 보았다. 오백 오십 리 물길만큼 많은 사람들의 사연이 모여 함께 흐르고 있었다. 5일마다 서는 화개장은 이제는 관광지가 되어 많이 변했고 평일에도 사람들로 붐비고 있었다.

강물이 들려주는 이야기는 사람들의 희로애락을 함께하고 있어 아기자기한 정이 많았으며 변화무쌍하여 쉼 없이 굽이쳐서 백 천 강물을 받아들이고 끝내 한 맛을 이루는 바다와는 또 달랐다. 하지만 물의 성질은 강과 바다가 둘이 아니라서 한 물결도 없이 잔잔함을 이루면 가을 하늘이 소리 없이 내려와서 앉는다. 사람의 성품도 고요하여 흔들림이 없으면 일체 경계를 그대로 수용해도 아무런 장애가 없다.

강물에 띄운 뗏목이 안전하게 바다에 도착하려면 양 어귀와 중간에도 머물지 않아야 하듯이 성품에 계합하려면 일체 사량 분별을 떠나야 한다. 사람마다 근기가 달라서 비록 수행의 방편은 다르지만 정혜가 등지한 무념을 이룬다면 누구나 성품을 볼 수가 있기 때문이다. 그래서 화두를 하는 사람은 의단이 뭉치게 되면 생각의 기멸이 사라지고 마치 가을 들물처럼 무심을 이루어 깨침의 바다로 들어가게 되는데 이때가 되면 공부를 마치는 것이 멀지 않았다고 『몽산 법어』는 설하고 있다.

가을은 너무 덥거나 춥지 않아서 수행하기에 좋은 계절인 것 같다. 수행이 특별한 것이 아니어서 계절을 타지는 않지만 싸늘한 바람이 귓전을 스치고 지나가면 왠지 모르게 외롭고 쓸쓸하여 지난 시간을 돌이키게 되어 일어나고 사라지는 생각들이 가깝게 보이기 때문이다. 이때를 놓치지 않고 착안하여 바로 알아차리고 화두의 의정으로 돌이키면 일체에 의지하지도 않지만 분명하고 신령스러운 성품이 나타난다.

사량 분별을 떠난 화두의 의정은 성품의 작용으로 의심을 통하여 의심하는 놈을 회광반조 하는 것이어서 일체 업력을 녹여버리기 때문이다. 화두가 가을 들물처럼 순일 무잡하게 타성일편을 이루면 머지않아서 병아리가 알에서 껍데기를 쪼고 나올 때와 같고 밤을 구울 때 속이 다 익어서 탁 터지는 순간처럼 확철대오한다고 하였다.

한때 무성했던 것들이 한 잎, 두 잎 물들기 시작하여 낙엽이 떨어지는 것을 보면 더욱더 마음은 조촐하게 된다. 번거로운 일상을 탈출하여 가을 여행을 떠나는 것은 두터운 업력의 껍질을 벗어버리고 온몸으로 청량한 기운을 느끼고 싶은 충동이 일어나기 때문이다. 몇 해 전 가을에 지리산과 설악산을 종주하면서 용맹정진을 하다가 보았던 경계를 생각하면 지금도 동승처럼 입가에 미소가 떠오른다.

섬진강은 노랫말처럼 전라도와 경상도를 가로질러 하동 포구 팔십 리를 거쳐 끝내는 바다로 흘러 들어간다. 세상은 갈수록 양극화 되어가고 더구나 선거철이 다가와서 여야가 둘로 나뉘어 서로의 목적을 성취하기 위하여 극한 대립이 시작될 것이다. 강물이 흘러서 바다에 이른 것은 끝없이 자기를 낮추고 시비를 가리지 않아서 양변을 여의었기 때문이다.

얼마 전에는 남북의 정상들이 만나서 그간 소원했던 관계를 회복하고 앞으로 수시로 만나서 이야기를 나누자고 한 것을 보면서 눈시울이 뜨거웠다. 서로가 입장을 바꾸어 생각하면 대화가 되고 남북이 함께 잘 사는 길이 열릴 것이다. 사람마다 가지고 있는 부처 성품에는 남북이 없어서 오직 차별심만 버리면 함께 화합하여 하나로 만날 수 있다.

머지않아 백두산으로 바로 갈 수 있는 길이 열릴 것이라고 하니 다음 가을에는 천지에 가서 맑은 물에 얼굴을 비춰 보고 싶다. 사진으로만 보았던 천지는 너무 맑아서 마치 유리그릇과도 같았다. 천지는 거울처럼 차별이 없어 남쪽 사람과 북쪽 사람을 구별하지 않고 있는 그대로 비춰줄 것이다. 사람의 성품 또한 천지와 다르지 않아 남과 북이 없으며 법이 생기는 것은 서로 상대하여 서는 것이니 남과 북이 하나이면서 둘이고 둘이면서 하나인 줄 터득한다면 아무런 문제가 없을 것이다.

사람마다 백두산 천지와도 같은 둥근 거울을 하나씩 가지고 있으니 서로가 동시에 비춰도 아무런 장애가 없다.

지금 서 있는 자리에서
시비를 돌이켜 시비할 줄 아는 사람을 바로 본다면
성품에 계합하여 누구나 의지함이 없는 참사람으로
거듭나게 될 것이다.

무위자연

만추의 들녘은 금빛 물결로 출렁이고 집집마다 결실의 행복이 단풍잎처럼 붉게 타오르고 있다.

하늘은 손을 뻗치면 금방이라도 잡힐 듯이 나직이 내려와 있고 추수가 일찍 끝난 논에서는 볏짚을 태운 향기가 산들바람에 실려 저녁연기처럼 코끝에 다가온다. 바다는 더없이 잔잔하여 하늘 끝에 닿았고 갈대밭에서는 철새들이 사람의 인기척에 살포시 날아오른다.

남도의 넉넉한 들녘이 보고싶어 무작정 들길을 따라서 가다가 어느덧 발길이 멈춘 곳은 월출산 무위사였다. 그윽한 고찰의 뜨락에 들어서니 대웅전 지붕 위에는 청잣빛 하늘이 한 조각 걸려있어 무위법을 설하고 있다. 오랜 세월의 무게를 못 이겨 단청이 멀겋게 바랜 법당은 인위의 흔적을 찾을 수가 없고 전설처럼 점안을 마치지 못한 백의관음은 눈 없는 눈으로 보이는 것마다 눈임을 가르치고 있다.

도량에는 관광객들이 고찰의 넉넉한 기운과 함께 자연의 아름다움을 찬탄하며 지나가고 천왕문 앞에는 진돗개 한 마리가 일없이 졸고 있다. 무위법으로써 삼라만상과 일체 중생들이 이렇게 차별을 나투고 있지만 서로 아무런 장애가 없다. 『돈오입도요문』에서는 무위법을 물으니 유위법이라고 대답하고 있다. 있음은 없음으로 인해서 서고, 없음은 있음으로 나타나게 되니 유위와 무위가 함께 사라져야 참다운 무위법이라고 설한다. 왜냐하면 어느 하나에 집착하여 취하게 되면 아상과 인상에 떨어져서 참다운 법의 모습을 보지 못하기 때문이다.

이맘때가 되면 사람이면 누구나 욕심을 부려놓고 자연으로 돌아가고 싶은 아름다운 시절이다. 신작로에는 탈곡한 벼를 말리느라고 정성을 들이는 마을 사람들의 모습이 한 폭의 그림처럼 보인다. 자연이 이렇게 사람의 마음을 숙연하게 만들어 새로운 눈을 뜨게 하는 것은 마음인 진여본성과 자연인 법계의 성품이 둘이 아니기 때문일 것이다.

여러 조사의 깨침이 자연이 주는 기연에서 비롯된 것을 보면 눈앞에 펼쳐지는 뚜렷한 자연의 경계가 마음의 그림자임을 분명하게 알아차리고 그대로 회광반조를 했기 때문이다. 하지만 수행하기가 어렵다고 하는 것은 세상의 시끄러움을 피하여 한적한 아란야에 들었지만 아름다운 자연의 경계에 도취되어 마음을 잃어버리기 때문이다. 자연을 수행의 기준으로 삼고 무작정 자연을 닮는 것을 수행으로 착각하여 세상의 티끌을 없앤다고 아까운 세월을 보낸다면 끝내 깨달음을 성취할 수가 없다. 한적한 아란야가 심성을 기르는 데에는 좋다고 하지만 자연의 아름다움에 취해서 회광반조가 없으면 또 하나의 장애를 만난 셈이니 더욱 경계를 해야 한다.

참으로 화두가 없으면 무기공에 빠져서 자연의 무게를 감당하지 못하여 벗어날 수가 없기 때문이다. 자연은 법계의 성품과 똑같은 진여본성에서 비롯되는 자연이기에 참으로 그윽하고 실다워서 조금도 차별이 없는 실상의 나툼이다. 그러나 보통 사람들은 자연이 주는 교훈으로 무상한 마음이 일어나면 고독함에서 헤어나지 못하고 화두가 없는 무기공에 떨어져서 헤매게 된다. 그래서 수행하는 사람들이 무작정 자연을 닮으려고 하는 것은 참다운 수행이 아니기 때문에 사람의 마음인 진여본성과 자연인 법계의 성품이 둘이 아닌 줄 믿고 눈앞에 펼쳐지는 자연의 경계를 화두로써 분명하게 회광반조 해야 한다. 그러면 화두삼매가 그대로 무심이어서 나와 법계의 성품을 요달하게 되기 때문이다.

설악에서 내려온 단풍소식이 남도의 산하에도 도착하였다. 만산홍엽의 단풍이 소슬한 금풍에 떨어지는 것을 보면서 법계의 성품과 하나가 된다면 남은 세월이 단풍놀이처럼 언제나 호시절이 될 것이다.

저녁노을

도량에는 고절한 국화꽃 향기가 청아하게 흐르고 풀씨는 바람을 타고 먼 적멸로 여행을 떠나고 있다.

얼마 전에는 경전을 독송하며 평생을 신심으로 살아온 노 거사님에게서 전화가 왔다. 낙엽은 떨어져서 뿌리로 돌아가는데 아직 인생이 돌아갈 곳을 몰라 왠지 불안하고 흔들린다는 것이었다.

부처님의 말씀인 경전은 세상사에서 크고 작은 일을 당할 때마다 삶의 나침반이 되었다고 한다. 하지만 안타까운 것은 종이와 먹으로 이루어진 경전의 문자가 공한 줄을 모르고 집착하여 지혜를 밝히지 못하고 안심입명처를 얻지 못했다는 사실이었다.

초등학교 육학년 시절, 일체 언어를 의심했더니 말을 할 수가 없었고 마지막 호흡이라는 말을 의심하니 숨조차 쉴 수가 없었던 기억이 새롭다. 존재의 집인 언어가 해체되고 나니 더 이상 세상은 의미가 없어 동진으로 출가를 했다. 사미계를 받고나니 어른 스님들께서는 경전을 익히면서 사문의 위의를 갖추고 발심이 되면 선방에 가도 늦지가 않다고 했다. 그러나 소리로 건립된 경전의 명칭과 구절들이 본분사를 밝히는데 도움이 되지 못하여 한 순간도 지체할 수가 없어서 선방으로 들어가 버렸다.

선에서는 화두를 제시하는데 이는 언어 이전의 세계이다. 그러므로 화두 하나를 관조하여 밝히게 되면 문자 반야로써의 일체 경전을 포섭하게 되어 실상반야로 돌아가게 된다. 그러면 경전을 볼 때마다 문자 하나하나가 근본 지혜로부터 발생하여 그대로 대용인 문자반야로 현전하게 된다. 이것을 대주 혜해 선사는 "영리한 사자가 흙덩어리를 물지 않고 던지는 사람을 물어버린 것과 같다."고 했으며 단경에서 육조 스님께서는 "경을 굴린다." 고 했다.

선과 교가 둘이 아니지만 경전의 명칭과 구절들을 분별하고 뜻을 따라간다면 근본 지혜를 등지게 되니 이는 마치 어리석은 개가 흙덩어리를 무는 것과 같고 경에 굴림을 당하는 것이다. 경을 보다가 발심을 한다는 말은 이론의 분별이 갈 데 까지 가서 더 이상 나아가지 못하고 앞뒤가 꽉 막혀 참구를 하지 않으면 안 된다는 사실을 빨리 깨닫는 것이다. 그러나 발심이 되지 않았는데 좌선한다고 앉아만 있으면 어리석음만 키우기 때문에 경전을 보면서 문자의 뜻에 따라가지 말고 반드시 회광반조를 해야 할 것이다. 경전을 보다가 깨달은 선사들이 많은 것을 보면 이를 증명하고 있다. 고인이 말씀하시기를 반 일은 앉아서 좌선을 하고 반 일은 경전을 보라고 했다.

선에서 불립문자라고 하는 말은 부처도 세울 수 없지만 일체 경전을 포섭한다는 말일 것이다. 사람마다 본래 가지고 있는 한 권의 경전이 있는데 종이와 문자로 이룩되지 않았고 펼치면 글자 하나 없지만 여섯 가지 문으로 항상 대 광명을 발하고 있다.

가을산은 울긋불긋 단풍경을 설하고 바다에는 저녁노을이 황금빛 물결로 출렁이며 노을경을 설하고 있다.

정견의 성취

찬바람이 길을 잃고 문풍지에서 울다가 온통 숲을 뒤흔들고 있다.

바다에는 거센 파도가 끝없이 달려오고 갈대밭에는 먼 비행을 마친 철새들이 한가롭게 자맥질을 하고 있다.

모든 것이 귀했던 시절, 조그만 암자에서 보낸 치열했던 동안거가 그리워진다. 탁발로써 한 철 먹을 식량을 마련하고 손수 김장과 땔감을 장만하였던 기억이 새롭다. 춥고 눈이 많은 깊은 산골이라서 인적이 끊어지고 눈 속에 갇히면 내려오는 산짐승들이 유일한 도반이었다.

낮에는 일을 하고 밤에는 좌선으로 하루를 보냈는데 한참 때라서 항상 배가 고팠지만 먹을 것이 없었다. 그래도 부족한 것은 정진뿐이라서 화두를 놓치게 되면 끝없이 절망해야 했던 때가 엊그제 같다. 돌이켜 보면 그때 얻은 정진의 힘이 평생 수행의 밑거름이 된 것 같다. 참으로 춥고 배가 고파야 도를 닦는 마음이 사무친다는 선지식의 말씀이 지금도 큰 경책으로 다가오고 있다.

임제 스님은 참되고 바른 견해를 요구하고 있다. "모든 법이 공상임을 볼 뿐 실체가 전혀 없으며 오직 앞에서 법을 듣는 의지함이 없는 도인이 있으니 이것이 모든 부처의 어머니" 라고 했다. 지금 눈앞에서 분명하게 작용하여 여섯 가지 문으로 출입하는 의지함이 없는 참사람은 언제나 변함없는 진실이다. 이것이야말로 바르고 참된 견해이기 때문이다. 여기에서 확실한 믿음을 성취하면 더 이상 밖으로 구하는 마음을 쉬고 일상사 그대로를 해탈경계로 수용하게 되어 경계를 따라서 굴러도 흐르는 곳마다 그윽하여 물듦이 없다.

『화엄경』「여래 출현품」에서는 " 부처님께서 깨닫고 보니 일체중생이 여래와 같은 원만한 지혜덕상을 조금도 차별 없이 갖추고 있다." 라고 했다. 다만 깨달은 사람은 이와 같은 분명한 사실을 항상 쓰고 있지만 범부는 다시 성스러운 견해를 구하려고 하는 것이 문제이다. 그래서 확실하게 증득하지 못하면 이와 같은 사실을 알고 있을 뿐 아무런 힘이 없기 때문에 정견을 갖추면 비로소 화두가 무엇인지 체득을 하여 들려고 힘을 쓰지 않아도 저절로 들게 된다.

정견이 바로 서야 화두를 비로소 든다고 하며 일체 업력이 녹아지는데 정견을 갖추지 못하면 의단이 솟구치지 않아서 화두 공부가 순일하게 되지를 않는다. 화두가 순일하면 이기심이 사라지고 자비심이 나오게 되어 서 있는 곳마다 항상 진실하여 행복이 우러나오게 된다.

화두는 닦거나 수행을 필요로 하지 않으며 따로 증득을 요구하지도 않는 자리를 바로 가리키는 조사의 말이다. 이 자리는 본래 완전한 부처로서 사람이면 누구나 가지고 있어서 성인과 조금도 더하거나 모자람이 없다. 때로는 보현행원으로, 때로는 관세음보살의 대자비로 현현하여 일체 중생의 근기에 따라서 응하고 모든 사람들의 행복의 근간이 되기도 하지만 가고 오는 모양이 보이지 않으니 또한 생사를 찾을 수가 없다.

조사들은 이것을 바로 일러 주지만 깨닫지 못하면 스스로 올가미에 걸려서 참구하게 되는데 이것이 간화선에서 말하는 화두이다. 지금 하고 있는 일을 떠나지 말고 서 있는 자리를 바로 돌이켜 의정을 일으키면 순간마다 행복이 함께 할 것이다. 그래서 익어지면 세월이 갈수록 묵은 업이 저절로 녹아지고 지혜가 통명하여 언제 어디서나 행복하다. 화두를 참구하는 것은 이것이 행복의 지름길이기 때문이다.

공부 길에서 헤매고 진전이 없는 것은 아상을 버리지 못하고 일체 현상은 실체가 없으며 연기의 작용인줄 분명하게 알아서 실천하는 정견이 확립되지 않았기 때문이다. 간화선을 올바르게 하게 되면 일체 일어나는 번뇌망상은 붉은 화로의 한 점 눈처럼 바로 녹아지므로 사람 사이에 시비가 없어지고 서로를 인정하게 되어 삶이 윤택하고 향기로워서 화두행자가 지나가는 곳마다 원결이 풀어지고 멀어진 사람들은 서로 화합이 이루어진다. 그래서 화두 하나를 획득하게 되면 집집마다 훈훈한 기운이 돌아서 사람들의 얼굴은 해맑아지고 따뜻한 기운이 샘솟게 될 것이다.

철새들이 바다를 건너 차가운 하늘을 날아간다.

몽돌처럼

가을은 너무 덥거나 춥지도 않아서 수행하기에 좋은 계절이다. 수행은 계절을 타는 것이 아니지만 싸늘한 바람이 불어와서 뭔가 허전하고 외로우며 지난날을 살피게 하기 때문이다. 회광반조廻光反照라는 말은 수행을 한마디로 표현한 것이다.

먼저 빛을 돌이킨다는 말은 보고 듣고 냄새를 맡으며 혀로 맛을 알고 몸으로 촉감을 느끼며 생각으로 분별하는 경계 속에서 일어나는 생각이나 대상을 먼저 알아차리면 바로 그치게 되며 아는 마음인 성품이 나타나는데 여기에 머물러 고요함을 취하여 재미를 붙이면 본래 청정한 마음이 아직 드러나지 않아서 마치 말뚝에 매여 있는 소처럼 자유롭지가 않아서 답답하다.

보통 사람들이 음악이나 오락으로 안정을 찾으려는 것과 다르지 않아서 중독이 되면 이제는 일상사를 뒤로하고 보다 고요한 곳으로 떠나려고 한다. 현실에서는 더 이상 깊은 안정이 이루어지지 않으니 모든 것이 나의 안정을 깨뜨리는 방해꾼으로 생각을 하여 사람과 일을 멀리 한다. 이런 사람은 현실을 외면하고 점점 정신이 흐리멍텅하게 된다. 그래서 수행을 잘못하게 되면 가정도 팽개치니 집에서도 환영받지 못하고 그렇다고 수행도 하는 것이 아니니 나중에는 후회를 하게 되지만 고치기가 쉽지 않다. 그러므로 선지식을 만나서 공부를 해야만 하는데 이런 수행병을 앓고 있는 환자는 고요한데 치우쳐 있기 때문에 다시 고요한 줄 아는 주인공을 바로 붙잡고 끝없이 의문으로 돌이키는 화두를 제시하므로써 선정과 지혜를 함께 닦도록 하여 성품을 보게 한다. 이것을 회광반조라고 한다.

요즈음은 수행도 하나의 유행과 명품으로 생각하여 관심이 많지만 수행상이 붙어서 아만이 많다. 그런 사람은 수행을 한다고는 하지만 이기심이 주인이 되어 마치 많이 아는 사람이 더 복잡하고 괴로운 것과 같아서 아무런 이익이 없다.

잉어가 용이 되어도 비늘을 바꾸지 않고 범부가 부처가 되어도 얼굴을 바꾸지 않는다고 했다. 너무나 평범하기에 참으로 어려운 것이 수행이다. 또한 알고 보면 세수하다가 코를 만지기보다 쉽다고 하는 것은 일상을 떠나서 수행이 따로 없기 때문이다. 일 따로 수행 따로라는 관념을 일단 내려놓아야 수행의 문이 열리게 되는데 그러면 모든 것에 감사하게 되고 남의 허물을 보지 않게 된다.

하지만 뭔가 특별한 것을 구하는 사람들은 이런 말을 믿지 않는다. 상근

기라고 하는 것은 자신이 바로 부처임을 믿는 사람으로 마음 밖에서 찾지를 않는다. 요즘과 같이 속도를 요구하는 정보화 시대에 부처가 어디 깊은 산속에만 있고 수행이 특별한 곳에서 이루어진다면 시간과 공간의 제약을 받아서 지금 처해진 자리에서 주인이 되기가 어려울 것이다.

그래서 선에서는 그대의 마음이 바로 부처라고 한다. 그러나 사람마다 쓰고 있는 오염된 마음은 아니다. 희로애락에 항상 변함없는 무심을 말한다. 그 마음은 상대적인 두 가지 견해를 버려야 나타난다.

한편 항상 멀리 찾고 현실을 떠나서 수행을 해야만 한다고 생각을 하면 점점 멀어져서 이러지도 저러지도 못하고 아까운 시간이 흐르니 초조해지기 마련이다.

뉴욕 할렘가에 선스튜디오를 마련하고 잠시 들린 후배 스님과 보름달이 기울도록 이런저런 수행에 관한 이야기를 나누었다.

바닷가 몽돌은 수행한다는 생각이 없어서 온통 파도에 몸을 낮추었기에 저렇게 둥글어졌을 것이다. 하심이야 말로 제일가는 수행이기 때문이다.

이 가을엔 몽돌처럼 더 둥글어져야 겠다.

바다의 사리
헤아릴 수 없는 밤을 얼마나 홀로 깨어 있었기에
바다는 저렇게 많은 돌사리를 만들었을까.

법성의 바다

잔잔한 아침 바다에 노을이 번지고 있다. 숲은 빈 몸으로 서 있어 부챗살처럼 끝없이 펼쳐진 나뭇가지 사이로 바다를 드러내고 있다.

세상은 지금 대선 열기로 후끈 달아오르고 있다. 후보들이 전국을 돌며 바다에 파도가 일어나듯 표심을 잡으려고 지지자들을 앞세워 바람을 불러일으키고 있다. 십이 인연이 본래 공하듯이 후보들은 저마다 차별된 정책과 비전으로 승부하되 출신처가 본래 국민이라는 사실을 분명하게 깨달아야 할 것이다.

올해 대선의 공통된 화두는 국민통합과 경제문제라고 한다. 한결같이 계층과 세대 간의 양극화와 비정규직 문제를 이대로 두고서는 국가경영에 큰 문제가 될 것이라고 목소리를 높이고 있다. 후보들은 자기만이 적임자로서 문제를 해결할 수 있다고 외치고 있지만 서로가 비방만 할 뿐 뚜렷한 정책과 비전을 제시하지 못하고 있다. 전문가들은 민주주의 꽃은 선거로써 정당과 그 정책을 보고 투표하는 것이라고 한다. 그러나 이번 선거를 언론이

여론조사 일변도로 몰고 가서 각 정당의 정책이 확실하게 보이지 않는다고 걱정을 하고 있다.

인왕경에서는 국가를 대표하는 지도자가 갖추어야 할 덕목으로 자비와 지혜를 가르치고 있다. 자비를 바탕으로 삼고 지혜를 대용으로 삼아 모든 문제가 누구의 잘못이라고 서로 비방하지 말고 오직 인연법으로 생긴 것임을 바로 깨달아야 한다는 것이다.

국민들은 자기가 선호하는 대통령만 선출하면 모든 문제가 해결될 것이라는 환상을 버리고 모든 것을 연기하는 현상으로 파악하여 스스로 무엇을 할 것인가를 물어야 한다. 또한 국가를 대표하는 지도자가 될 사람은 재물에 탐착하여 부정부패를 하지 말아야 하며 작은 일로 성내거나 남에게 책임을 전가해서는 안 된다고 가르치고 있다. 모든 권력은 국민으로 부터 나온 것이기에 끝없는 보살정신으로 국민을 부처님처럼 편하게 받들어 모셔야 할 것이다. 사람이 본래 부처라는 수평의 리더쉽이야말로 국민 통합의 요결이며 지향해야 할 진정한 가치이기 때문이다.

민주주의는 깨끗한 선거로써 모든 것이 결정되며 그 결과는 승복하고 받아들이는 것을 원칙으로 하고 있다. 이왕 판이 벌어졌으니 끝까지 치열하게 추구하고 정정당당하게 경쟁을 하되, 모든 문제는 양변을 의지해서 일어남을 깨달으면 대립과 갈등을 쉽게 풀 수가 있어 선거가 끝나더라도 빨리 화합할 수가 있을 것이다.

겨울 바다에는 바람이 많아 파도가 심하지만 바람만 자면 파도가 곧 물임을 확인할 수 있기 때문이다. 나무들은 낙엽을 떨구고 벌거벗은 채로 서 있는 자리에서 법성을 드러내고 있다. 사람들도 마찬가지로 지금 서 있는 자리에서 시비를 돌이켜 시비할 줄 아는 사람을 바로 본다면 성품에 계합하여 누구나 의지함이 없는 참사람으로 거듭나게 될 것이다.

법성의 바다는 둥글고 원융하여 양변을 여의었으며 모든 것은 적멸하여 움직임이 사라졌다. 새벽에 불을 밝힌 배들이 순풍에 조업을 마치고 눈길처럼 새하얀 포말을 그리며 희망의 항구로 서둘러 돌아가고 있다.

보현행원으로

한 덩어리 붉은 해가 검은 파도를 떨치고 바다에서 솟구쳐 오른다. 갓난아이처럼 방긋한 미소로 빛을 토하며 서서히 뭍으로 기어오르고 있다.

탐진치貪瞋痴 삼독이 그대로 지혜의 작용인 줄 알아 일체 생멸하는 인연이 밑바닥을 쳐야 드러나는 불성 광명이다.

『화엄경』「보현행원품」에서는 보현보살이 열 가지 행원을 설하며 부처님의 무량한 공덕을 지금 이 자리에 시현해 보이고 있다. 보현행원은 부처님의 세상을 여는 열쇠이며 영원한 자기의 생명을 개척하는 길이기 때문이다. 오늘의 현대인들은 온갖 정보의 훈습으로 가치관이 흔들려 방황하고 있으며 수행하는 사람들도 안일한 선정에 매몰되어 더 이상 길을 몰라 헤매고 있다. 보현행원은 모든 생명들이 평화롭게 공존할 수 있는 한줄기 빛이고 최상의 진실이다.

불성의 광명은 찬란한 태양이 차별 없게 만물을 비추듯이 누구나 부족함이 없어 원만하게 구족되어 있다. 그러므로 나는 아직 어리석은 범부라는 생각을 떨쳐버리고 바로 보현행원을 실천하면 바로 부처이니 더 이상 닦음을 필요로 하는 방편의 가르침에 머물러서는 안 된다. 부처와 중생, 나와 너라는 의식이 남아 있으면 양극의 차별을 넘어 일체 생명들을 부처님으로 섬길 수가 없기 때문이다.

사람마다 모양이 다르고 언어가 다르며 생각이 다르지만 나는 오직 이러한 진실만을 믿기에 나를 때리거나 미워하고 죽이려는 사람들도 상대의 허물이 나의 허물인 줄 알아 다 같이 나의 업력을 녹여주는 선지식으로 모셔야 한다. 하물며 이러할진대 하나의 국토에 인연을 맺은 사람들이 남북으로 갈라져서 화합하지 못할 아무런 이유가 없다. 이러한 진실을 외면하고 경제가 전부라고 생각한다면 몸은 살찌울지라도 불성의 광명은 어두워지고 말 것이다.

바다는 간밤에도 잠 못 이루고 가쁜 숨을 몰아쉬고 있다. 인간들의 욕망으로 저질러진 검은 업력을 정화하느라 밤새워 앓고 있다. 일체 강물을 일미의 세계로 화합하는 바다가 깊은 신음소리를 내고 있다. 나와 자연을 둘로 보지 말고 욕망을 줄이라고 침묵의 시위를 하고 있다.

지금과 같은 속도로 지구 온난화가 계속되면 머지않아 지구상의 많은 생명들이 멸종될 것이라고 한다. 그러면 사람의 생명인들 온전할 리가 없다. 이 모든 허물은 나의 어리석음으로 지었으니 부처님께 목숨 바쳐 참회해야 한다. 무시이래로 신구의身口意 삼업으로 지은 죄 불성 광명을 가리는 구름이었으나 이제 죄의 성품이 공함을 바로 보니 실체가 없음을 깨달아 진심으로 참회가 성취 되었다. 또한 어리석음으로 인하여 지은 바 이웃들의 죄를 대신하여 참회하나니 영원히 다시 짓지 않기를 맹세한다.

참회를 마치고 나니 자성의 지혜 광명이 드러남에 모든 죄업은 봄눈 녹듯 흔적 없이 사라지고 보현행원의 원력이 샘물처럼 솟아오른다. 남의 허물을 봄에 나의 잘못인 줄 깨달으니 일체가 마음 밖에는 한 물건도 없음을 알아 가슴을 치는 원망과 증오가 사라지고 부처님의 무연대비가 넘쳐흐른다.

크게 죽어 다시 살아나야 안심입명 하는 태안의 바닷가에는 많은 자원봉사자들이 두 무릎을 꿇고 안방을 닦아내듯 항하사 같은 모래마다 켜켜이 쌓여있는 어둠을 쓸어내며 불성의 광명을 드러내고 있다. 항하사 같은 모래마다 부처님이 태양처럼 빛나고 있다.

보현행원으로 다시 걸어 나오고 있다.

밖에서 찾지 말라

도량에는 한 송이 동백꽃이 붉게 타오르고 있다.
산과 바다는 덩달아 일어나 온통 빛으로 깨어나고 있다.

새해 들어 첫 장날에 나와 보니 위판장 거리에는 사람들로 생기가 넘쳐흐른다. 붕어빵집 노 보살님은 해묵은 병이 가신듯이 신명나게 희망을 구워내고 있다.

"쥐구멍에도 볕 들 날이 있다."는 속담처럼 긍정의 마음은 누구나 가지고 있는 본래 마음의 속성이다. 마음은 어떠한 절망이나 대상에 물듦이 없지만 스스로 빛을 등지고 괴로워하는 모습이 보통 사람들이다. 하지만 지금 서 있는 일터에서 한 걸음 옮기고 한 손을 들어 올리면서 일어나는 생각을 따라가지 말고 바로 돌이켜 현전일념을 이룬다면 모든 고통과 어둠은 흔적 없이 사라지고 온통 행복으로 가득하게 될 것이다.

이와 같은 분명한 사실을 한 번 경험한 사람들은 부지런히 노력하되 모든 것은 인연에 맡겨 남을 원망하지 않으며 끝없이 학문과 경험을 넓혀가지만 아는 것에도 머무르지 않아 항상 겸손하다. 많은 사람들과 함께 하면서도 물과 우유처럼 화합하며 얼굴에는 항상 미소가 가득하여 이웃을 향한 자비심이 넘쳐흐른다. 세상에서 지금 성공학으로 마음을 주시하는 것은 무엇보다도 긍정의 힘이 나와 세계를 창조적으로 변화시키는 원동력이 되고 있기 때문이다. 그래서 요즈음 많은 사람들이 참선을 통해서 마음을 밝히려고 동참하고 있는 것은 반가운 일이 아닐 수 없다.

황벽 스님은『전심법요』에서 모든 부처와 모든 중생은 오직 한마음일 뿐 달리 법이 없다고 했다. 여기에서 분명한 믿음을 성취하면 더 이상 밖으로 구하는 마음을 쉬게 되지만 사람들은 이러한 진실을 외면하고 밖으로 구하여 형상의 부처에 집착을 한다.

오래 전에 시내에서 선원을 운영하면서 불상 대신 벽에 마음 심心 자를 붙여 놓았다. 하지만 사람들은 마음을 볼 줄 모르고 다시 불상을 찾았다. 수행하는 사람이 오랜 세월 방황을 그치지 못하고 헤매는 것은 겉으로는 의젓이 앉아 부처를 지으면서 밖으로 구하는 업력을 녹이지 못했기 때문이다. "마음이 바로 부처"라는 구절에서 확실한 믿음을 성취하면 공부의 삼요인 대분심과 대의심을 자연히 갖추게 되어 한 치의 게으름이나 머무름을 용납하지 않고 바로 마음을 규명하는 작업에 착수하게 된다. 여기에는 마치 붉은 화로에 떨어지는 눈이 흔적 없듯이 어떠한 사량이나 아는 것은 붙지를 못하고 오로지 모르는 것 하나만 남게 되는데 이것이 바로 불무더기와 같은 화두이다.

『불설비유경』「안수정등」에서는 나그네가 죄를 짓고 광야에서 들불을 만나 헤매다가 다행히 우물을 발견하고 피했으나 다시 오욕락의 꿀방울에 취해서 세월이 무상한 줄 모르고 생사의 고통을 반복하는 것에 인생을 비유하고 있다.

마치 오늘을 사는 현대인들의 모습을 적나라하게 보여주고 있어 안쓰럽기만 하다. 사람들이 물질의 풍요 속에서도 만족하지 못하고 욕망의 포로가 되어 끝없이 고통을 받는 것은 마음 밖에서 얻은 것은 아무리 귀한 보배일지라도 시간이 지나면 퇴색되고 변하기 때문이다. "땅에서 넘어진 사람은 땅을 짚고 일어나라."는 보조 스님의 말씀처럼 마음을 떠나서 밖으로 부처를 구해서는 아무런 소용이 없다. 오직 삼계가 마음인 줄 확연하게 요달하면 생사는 지난밤의 꿈과 같아서 아무런 흔적도 없기 때문이다. 이제 끝없이 욕망의 칼끝을 향해서 달리는 마우스를 지혜의 쇠뿔로 돌이켜야 한다.

장날이 파하고 나니 멀리 작은 섬에서 나온 배들이 쏜살같이 소리를 지르면서 힘차게 물결을 가르고 있다. 하얀 포말이 새 희망처럼 끝없이 펼쳐지고 있다.

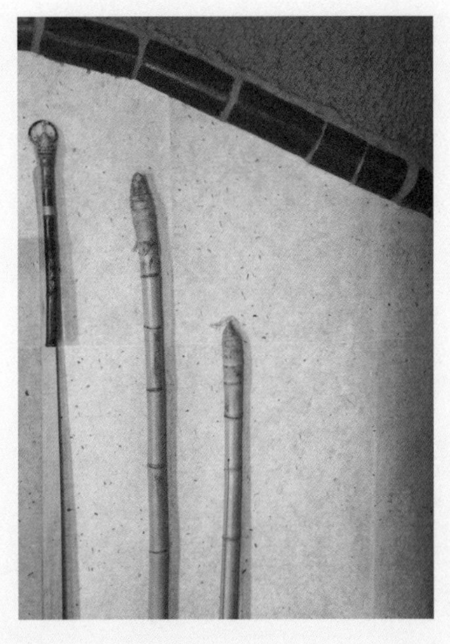

"땅에서 넘어진 사람은 땅을 짚고 일어나라."는
마음을 떠나서 밖으로 부처를 구해서는 아무런 소용이 없다.
이제 끝없이 욕망의 칼끝을 향해서 달리는 마우스를 지혜의 쇠뿔로 돌이켜야 한다.

허공은 쨍그렁
청명하게 깨어있고

따뜻한 남녘 바다에 볼을 베어갈 듯 칼바람이 몰아친다. 온몸에는 청아한 기운이 뼛속 깊이 흐르고 물결은 끝없는 설원처럼 은빛으로 넘실거리고 있다.

『금광명경』에서는 부처님의 참된 법신은 마치 허공과 같아서 물속의 달처럼 인연을 따라서 두루 나타난다고 했다. 새벽 눈 덮인 산사의 고즈넉한 달빛은 눈과 하나 되어 분간하기가 어렵고 입선 죽비에 소리 없이 쌓이는 눈처럼 선정은 깊어만 간다. 산짐승들은 먹이를 찾아 마을로 내려가고 기록적인 폭설과 한파 속에서도 설원과 꽁꽁 얼어붙은 강에서는 겨울 축제가 한창이다. 가족들의 손을 잡고 나온 어린 아이들은 연을 날리고 팽이를 치면서 얼음을 지치기에 마냥 신나는 모습이다.

한편 서민들은 추울수록 더욱 몸을 움츠리고 나날이 치솟는 물가와 기름값에 하루를 사는 것이 고달프기만 하다. 이 모든 것은 법신이 인연을 따라서 울고 웃으며 차별 없이 나타난 모습이다. 하지만 사람들은 깨닫지 못하고 그냥 흘러 보내고 있어 안락을 얻지 못하고 있다. 폭설이 내리고 추위가 뼛속 깊이 파고드는 것은 끝없이 항상을 재촉하는 법신의 오묘한 작용이기 때문이다.

그러나 법신이 허공에 두루 펼쳐져 있으며 허공 속에 법신이 포함되어 있다는 견해가 조금이라도 남아 있다면 "법신이 곧 허공"이라는 사실을 투철하게 알지 못한 까닭에 자유롭게 응할 수가 없을 것이다. 사람들이 허공을 기준으로 수행을 삼는 것은 시작과 끝이 없고 모양이 없어 생멸이 없는 허공이 만물을 길러내는 덕을 본받고자 하는 까닭이다. 하지만 허공은 무정물이며 신령스런 앎이 없어 법을 설하거나 듣는 것은 오직 눈앞에서 분명하게 작용하고 있는 공적영지한 허공과 같은 마음일 뿐이다. 그러므로 허공에 기대어 마음을 비운다고 공부를 삼으면 단멸상에 떨어져 마음은 점점 무기력해지고 삶이 재미없다는 허무한 생각을 내게 된다. 또한 공에 떨어질까 두려워서 법신이 실재한다고 집착하여 허공이 법신에서 나왔다는 견해를 지으면 차별심으로 말미암아 눈앞에서 대상을 만나면 활달하게 응할 수가 없다. 그러므로 허공이 실제로 있다고 확정하여 말한다거나 법신이 실재한다는 견해를 짓지 않는다면 "법신이 곧 허공이다."

보통 사람들은 대상에 집착하고 수행하는 사람은 마음에 집착을 한다. 그러나 대상을 벗어나기는 쉬워도 마음을 벗어나기 어려운 것은 공에 떨어질까 두렵기 때문이다. 마음과 대상을 모두 벗어나면 공적영지가 바로 마음이다. 만약 생멸하는 의식을 마음으로 착각한다면 진리의 길에서 멀어질 것이다. 마음은 생멸이 없고 거래가 없어 삼세의 모든 부처님과 보살로 부터 꿈틀거리는 벌레에 이르기까지 차별 없이 갖추고 있는 열반의 성품이다. 마음에서 마음으로 전하는 이것이 불법의 진정한 안목이기 때문이다.

뒤뜰 매화나무 가지에는 벌써 눈곱만큼 꽃망울이 부풀어 올랐다. 뼛속 깊이 추위가 사무칠수록 향기는 점점 깊어만 갈 것이다. 생사의 일이 급하고 큰 것이니 한바탕 화두를 들고 일대사를 치러내야 한다고 했던 황벽 선사의 말씀이 큰 경책으로 다가온다.

허공은 손대면 쨍그렁 깨어질듯 청명하게 깨어 있다.

니르바나

남도의 무르익은 봄기운을 따라서 가다가 한때 구산선문의 하나로 남종선의 종가였던 보림사에 도착했다. 하루해는 어느덧 앞산에 걸려 무여열반을 나투고 비로자나 부처님은 침묵으로 증명하고 있다. 탐욕과 성냄, 어리석음의 불꽃이 소멸하여 적멸에 든 도량은 점점 평온한 어둠으로 깊어가고 있다. 부처님 출가재일과 열반재일 사이 불교도 경건주간을 맞이하여 보림결사라는 새로운 원력으로 도량을 결계하는 불사에 동참 했다.

가지산문을 연 보조 체징 선사는 오늘날 조계종 종조로 추앙받고 있는 도의 국사로부터 법을 받은 염거 선사의 제자로 이 절에서 20여 년간 주석하며 많은 제자를 길러 내었다. 우리나라 선종의 발원지인 참으로 유서 깊은 도량이 그 간의 쓸쓸함을 떨치고 새 인연을 맞이하여 법신 광명으로 깨어나고 있는 것이다. 선이 인도에서 달마 대사로부터 중국에 전해지고 다시 우리나라에 전해진 뚜렷한 족적이 찍힌 도량에서 선방에 앉아 밤새워 정진을 하니 감회가 새롭기만 하다.

부처님의 일대사 인연이란 열반묘심을 증득하여 열어 보이고 열반에 이르는 길을 몸소 시현하여 보여 주었으며 모든 중생들로 하여금 깨달아 열반에 들어가게 하신 것이다. 그것은 무엇보다도 세상에서 가장 영화로운 길을 버리고 떠날 수 있었던 출가의 결단이 있었기에 가능했을 것이다. 그러므로 열반이야말로 인류사에 있어서 가장 위대한 발견이며 불교의 가르침이 위대함을 증명하는 근간이 된다. 그러나 오늘의 부처님 제자들은 승속을 떠나서 열반을 제일가는 목표로 삼아 정진하고 있는지 참으로 깊은 반성을 해야 할 것이다.

출가한 사람이 공부에 큰 힘을 얻지 못하면 나이가 들수록 외로워 다시 세상에 기대려고 하게 되니 젊었을 때 부지런히 정진하라는 은사스님 말씀이 큰 경책으로 다가온다. 누구나 처음 출가할 때는 세상이 아무런 의미가 없어 금생에 사람으로 태어난 인연은 오직 열반을 성취에 두고 부모 형제와 세상을 떠났을 것이다. 이러한 출가야말로 최상의 복전이 되기 때문이다. 하지만 지난 세월을 돌이켜 보면 이루어 놓은 공부는 적고 아직 업력의 불길이 다하지 못했음에 다시 한 번 출가정신을 되돌아본다.

부처님께서는 위대한 통치자의 길마저 떨쳐버리고 출가를 단행하여 성도를 통한 열반을 증득하였는데 무슨 하찮은 이유를 나열하여 다시 세상에 기대려고 하는지 모를 일이다. 수행이라는 본분에 충실하는 것이 진정한 프로 출가자의 길이니 그 길이 아니면 지금 여기에서 또 다시 버리고 떠나야 할 것이다.

끝없이 버리고 일상의 삶에서 떠나는 것이야말로 참으로 부처님의 열반을 실천하는 제자들의 할 일이기 때문이다. 끝없는 윤회의 흐름 속에서 어쩌다가 운이 좋아 열반의 길을 만난 것은 커다란 행운이 아닐 수 없다. 이 몸을 금생에 제도하지 못하면 다시 어느 생을 기약할 수 있을른지 참으로 두렵고 아찔하기만 하여 부처님의 은혜가 한량이 없다. 부처님께서는 성도 후 "나는 노병사를 벗어나 불사를 얻었다." 고 선언하였다. 성도의 내용이 열반이며 이후 49년의 설법은 근기를 따라서 열반의 모습을 자재로이 시현해 보여주신 것이다.

『유마경』에서는 일체 중생이 현재 있는 그대로 모습에서 끝내 적멸하므로 정각을 통해서 성불했다고 해서 중생의 모습이 새삼스럽게 적멸해지지 않는다고 했다. 모든 것은 자성이 없고 일시적인 인연의 화합이어서 실재하는 모습이 아닌 허상이므로 끝없이 벌어진 차별의 모습은 진여평등의 여여한 열반의 모습이다. 탐진치貪瞋痴 삼독의 불길이 영원히 쉬게 되기 때문이다.

밤사이 봄비가 촉촉이 내렸다. 뜰 앞에는 백목련이 하얀 천진을 토하고 있다.